教育心理学

保育・学校現場をよりよくするために

石上 浩美・矢野 正 編著

嵯峨野書院

はじめに
――保育・教育の「現場」をよりよくするための教育心理学とは――

　文部科学省（2014）「初等中等教育における教育課程の基準等の在り方について（諮問）」によると，これからの初等・中等教育においては，「個々人の潜在的な力を最大限に引き出すことにより，一人ひとりが互いを認め合い，尊重し合いながら自己実現を図り，幸福な人生を送れる」ようにすることが求められている。この諮問を受けて，中央教育審議会においては，新しい学習指導要領の改訂に向けた議論が進められた。このような社会的状況の変化や期待をふまえつつ，「教育心理学」は，これからどのように保育・教育現場とかかわっていくことができるのだろうか。

　「教育心理学」の目的や役割については様々な意見があるが，北尾（2006）によると，「教育とよばれる事象の心理的問題を解明することが目的」であるという。これをふまえて，本著では，「現場で起こっている様々な事象や課題について，現場の先生方と教育心理学者が切磋琢磨しながら問題解決を図ろうとするための学問領域」を「教育心理学」とよぶことにする。ここでいう「現場」とは，狭義には幼児保育・学校教育の場を指すが，生涯学習的な観点からは，誰かが，何かを学ぼうとする場や，共同体（たとえば家庭や社会教育の場）も含まれるだろう。

　「現場」を取り巻く急激な社会環境の変化にともない，「現場」に対する社会的な期待や要請は，量・質的にも変容しつつある。そのような状況をふまえて，これまでに教育心理学が培ってきた知見は，「現場」でどのように活用することができるだろうか。

　本著は，第1部を理論編，第2部を実践編とした。第1部・理論編では，子どもの発達，学習，人格，適応支援と心理アセスメント，障がいを持つ子どもの理解，教育評価についての理論につけ加えて，保育者・教員の養成・採用・研修における最近の文部科学行政の動向を整理した。これらの知見は，将来，保育者・教員となる学生にとっては，学問として系統的に学んでおく必要がある。ただ，そのすべてが必ずしも即「現場」で必要とされているわけではないかもしれない。

　そこで第2部・実践編では，「子どもを取りまく現状と課題」をテーマに，子育て支援，小・中・高等学校の現場における現状と課題を紹介し，さらに，どの発達段階においても重点課題となっている，スマートフォンやタブレット端末などICT教育の普及による現場環境の変化にともなう現状と課題を明示した。

　本著では，子どもや養育者にとっても，保育者・教員にとっても，よりよい「現場」

づくりに活用できそうな知見を絞り込み，その理論的背景として，「教育心理学」の知見をはめ込むことを試みた。本著は，どの章，どの節，どのページから読んでいただいてもかまわない。今ここで，それぞれの「現場」で必要とされる課題に対する，問題解決のヒントとなりそうな「読み物」として読んでほしい。その意味では，これから保育者・教員になりたい学生，「現場」で勤務している保育者・教職員だけではなく，さまざまな「現場」で子どもとかかわっている多くの方々の手に渡り，「現場」をよりよくするためのきっかけになることを願っている。

2019年8月

編著者 石 上 浩 美
　　　 矢 野 　 正

目　　次

はじめに………i

第1部　理　論　編

第1章　乳・幼児期の発達　　　　　　　　　　　　　　　　　　　　　　　　　　　　　2

　1　身体の成長・発達……………………………………………………………………………………2
　　　1　発達とは　2
　　　2　発達の個人差　2
　　　3　身体の発達　2

　2　養育者とのかかわり…………………………………………………………………………………3
　　　1　かかわりの中で育つ（愛着の発達）　3
　　　2　養育者のかかわり方　5

　3　言葉の芽生え…………………………………………………………………………………………5
　　　1　言語獲得の背景　5
　　　2　言葉を育む　6
　　　3　自己制御としての言葉　7

　4　社会性の芽生え………………………………………………………………………………………7
　　　1　社会性の発達　7
　　　2　遊びの発達　8
　　　3　仲間関係の発達　9

第2章　児童期の発達　　　　　　　　　　　　　　　　　　　　　　　　　　　　　　11

　1　子どもから大人への変化……………………………………………………………………………11
　2　認知的発達……………………………………………………………………………………………13
　3　学級集団と社会化の促進……………………………………………………………………………14
　4　道徳性の発達…………………………………………………………………………………………17

第3章　青年期の発達　　　　　　　　　　　　　　　　　　　　　　　　　　　　　　20

　1　社会の中での発達……………………………………………………………………………………20
　　　1　青年期の発達的変化　20
　　　2　自分と異なる他者の視点　21

        3　アイデンティティ形成　21
　2　人間関係の発達……………………………………………………………23
        1　青年期の人間関係　23
        2　友人関係の発達　23
        3　友人関係にインターネットが及ぼす影響　24
　3　キャリア発達……………………………………………………………25
        1　キャリアの意味　25
        2　キャリア教育　26
        3　人生の先達としての教師　27

第4章　学習のプロセス　29

　1　学習に関する基礎理論……………………………………………………29
        1　行動主義心理学の立場からみた学習　29
        2　状況に組み込まれた学習　31
        3　社会的構成主義による学習　31
        4　活動理論による学習　32
　2　記憶と学習………………………………………………………………33
        1　記憶のプロセス　33
        2　記憶と学習方略　34
        3　学習の転移　35
        4　推論と学習　35
　3　学習の動機づけ…………………………………………………………36
        1　内発的動機づけと外発的動機づけ　36
        2　帰属理論と動機づけ　37
        3　学習観・学習方略と動機づけ　37
　4　学習指導と子どもの支援…………………………………………………38
        1　指導と支援　38
        2　学習指導の方法　38
        3　学習指導の形態　40
        4　個に応じた指導・支援のあり方　41

第5章　協同学習　43

　1　協同とは…………………………………………………………………43
　2　協同学習の要件…………………………………………………………44

         1 協同学習の学習観　44
         2 ジョンソンたちの協同学習の定義　45
         3 ケーガンの協同学習の定義　46

　　3　協同学習を取り入れた授業づくり……………………………………………47
         1 個人思考と集団思考の組み合わせ　47
         2 ペア学習の活用　47
         3 グループの活用　48

　　4　これからの協同学習のあり方………………………………………………50

第6章　人格の形成　52

　　1　人格とは何か………………………………………………………………52
　　2　人格の基礎理論（類型論・特性論）………………………………………53
         1 性格心理学の類型論　53
         2 特　性　論　55
         3 仲間集団と人格の発達　58

第7章　適応支援と心理アセスメント　60

　　1　適応のしくみ………………………………………………………………60
　　2　心理アセスメント…………………………………………………………62
         1 観　察　法　62
         2 面　接　法　63
         3 心理検査法　63

　　3　不適応支援と心理療法……………………………………………………65
         1 不適応支援　65
         2 心　理　療　法　65

第8章　障がいのある子どもの理解　69

　　1　「障がい」を語る共通言語…………………………………………………69
         1 「国際障害分類」（ICIDH）　69
         2 「国際生活機能分類」（ICF）　70

　　2　いろいろな発達障害（神経発達症）………………………………………71
         1 知的能力障害　72
         2 自閉スペクトラム症　72

        3 注意欠如／多動症　73
        4 学　習　症　74

    3 「障がい」を理解するということ……………………………………………………75

第9章　教　育　評　価　　78

    1 測定と尺度…………………………………………………………………………78
        1 名義尺度・名目尺度（nominal scale）　78
        2 順序尺度・序数尺度（ordinal scale）　78
        3 間隔尺度・距離尺度（interval scale）　79
        4 比率尺度・比尺度・比例尺度（ratio scale）　79
        5 尺度の変換　80

    2 測定データの処理…………………………………………………………………81
        1 度数分布表　81
        2 数　値　要　約　81

    3 教　育　評　価……………………………………………………………………83
        1 統計データによる評価　83
        2 教　育　評　価　84
        3 評価方法による分類　84
        4 評価者による分類　85
        5 評価時期による分類　87

    4 新しい評価方法……………………………………………………………………87
        1 パフォーマンス評価　87
        2 ポートフォリオ評価　88
        3 ルーブリック評価　88

第10章　保育者・教員の養成・採用・研修　　90

    1 保育者・教員養成の現状と課題…………………………………………………90
        1 保育者養成の歴史的変遷　90
        2 教員養成の歴史的変遷　91
        3 教員の職務に関する実態と課題　91

    2 これからの保育者・教員に求められる資質・能力………………………………93

    3 保育者・教員として働き続けるために……………………………………………93

第2部　実　践　編

▼第 11 章　子どもを取りまく現状と課題Ⅰ──子育て支援の現場から　　98

1　子育ての背景　　98
2　子ども・子育て支援新制度　　99
3　地域の子育て支援　　99
　1　保　育　所　　100
　2　幼　稚　園　　100
　3　行政による支援　　101
　4　NPO（非営利組織）による支援　　101
　5　保健センター　　102
　6　子育て総合支援センター　　102
　7　公　民　館　　103
　8　ファミリー・サポート・センター　　104
4　子育て支援の課題　　104

▼第 12 章　子どもを取りまく現状と課題Ⅱ──小学校の現場から　　106

1　子どもを取りまく現状　　106
　1　教育の現状　　106
　2　不　登　校　　106
　3　い　じ　め　　107
　4　学級崩壊　　108
2　課題への対応　　111
　1　ガイダンスカリキュラム　　111
　2　対応のポイント　　114

▼第 13 章　子どもを取りまく現状と課題Ⅲ──スマートフォン時代の子どもたち　　116

1　スマホ時代を生きる子どもたち　　116
2　携帯電話の急激な広がり　　116
3　ネット問題の低年齢化　　117
　1　ケータイ・ネイティブ2世　　117
　2　スマホ育児　　119

- **4** 中学生のネット利用の現状 …………………………………………………………120
- **5** 情報モラル教育の必要性 ……………………………………………………………121

▼第14章　子どもを取りまく現状と課題Ⅳ──ICTの普及による現場環境の変化　126

- **1** 学校教育現場へのICTの普及 ………………………………………………………126
- **2** ICTの普及による学校教育現場への好影響──教育内容や学習活動の多様化 ……127
  - 1　テレビ会議システムを用いた交流学習　127
  - 2　電子黒板とデジタル教科書・デジタル教材　127
  - 3　アクティブ・ラーニングにおけるタブレット端末の活用　128
  - 4　ICTの利用に関わるリスクやトラブルから身を守る力の育成　129
- **3** ICTの普及に伴う今後改善されるべき課題 ………………………………………130
  - 1　地域や予算等により生じる教育格差　130
  - 2　生徒の心身への悪影響　131
  - 3　故障や不具合，事故への懸念　132
- **4** おわりに ………………………………………………………………………………133

おわりに ……………………………………………………………………………………135
重要語句集 …………………………………………………………………………………136

第1部
理論編

第1章 乳・幼児期の発達

1 身体の成長・発達

1 発達とは

　発達とは，受精の瞬間から死ぬまでの，身体・精神・行動・人格の構造と機能の形成および変化をいう。したがって，今までできなかったことができるようになるといった変化だけではなく，見た目には停滞・喪失していくような変化も発達として捉えることで，人間の一生を深く理解しようとする概念である。人は発達し続ける存在であり，生涯にわたる変化を人の発達として捉えるが，本章では主に乳幼児期の発達について扱う。

2 発達の個人差

　私たちは一人ひとり違う。きょうだいであっても，双子であっても全く同じ人間はいない。では，なぜそのような違いが生じるのだろうか。その要因として，古くは「遺伝か環境か」で論争があったが，シュテルン（Stern, W.）により，遺伝も環境も関係するといった**輻輳説**が唱えられ，その関係を図式化したのが，ルクセンブルガー（Luxenburger, H.）である。
　その後ジェンセン（Jensen, A. R.）により，**環境閾値説**が唱えられ，現在では遺伝も環境もどちらも相互に作用しながら個性が作り上げられてくるという相互作用説の考え方が一般的になっている。

3 身体の発達

　新生児の体重は約3,000 g，身長は50 cmである。1歳になる頃には，身長約1.5倍，体重は3倍くらいにまで成長する。発達の速度は一定ではなく，それぞれのみちすじがあるが，図1-1のように年齢によって身体バランスが変化していく。
　赤ちゃんは生きていく為に，いくつもの反射を持って生まれてくるが，こ

輻輳説
　発達を規定する要因は，遺伝か環境かの二者択一ではなく両者を総合した第三の説として唱えられた。

環境閾値説
　遺伝的可能性が開花するのに必要な環境要因は，その特性によって違いがあり，各特性に固有な水準（閾値）があるという考え方。

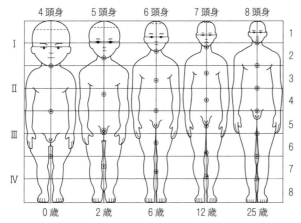

図1-1　身体各部の比率の発達（シュトラッツ，C.H.，森　徳治（訳）(1952)．p.60）

表1-1　主な原始反射（吉田菜穂子（1995）．pp.192-194をもとに著者作成）

反射の名称	反射の様子
バビンスキー反射	足裏に刺激を与えると，親指が反り返ったり，他の4指が扇状に開いたりする。
吸啜反射	口周辺に何かが触れると吸い付く行動。乳房に吸い付くのもこの反射によるものである。
モロー反射	大きな音を出したり，頭部の支えを突然離すと，両腕を大きく広げて物に抱き着こうとする動作をする。出生直後から見られ，首が座る3～4か月までに減弱し，6か月までに完全に消失する。
把握（ダーウィン）反射	手の内側をなでると，手を握る。その力は強く，片手でぶら下がる事さえ可能なほどである。4～6か月で消失する。
歩行反射（自動歩行）	両脇を支えて，両足を床から少し触れるぐらいにし，移動させると，まるで歩行しているかのように交互に足を上げる。生後1～2か月まで見られる。

れを**原始反射**という（表1-1）。そのほとんどが3，4か月くらいで消失し，その後様々な行動様式を獲得していく。

図1-2は乳児期の主な運動機能の通過率を表したものである。発達は一定の順序や方向性があり，大まかな目安があるが，個人差が大きいことがわかる。

原始反射
　正常新生児に見られる反射で，新生児反射ともいう。大脳皮質が成熟発達してくると消失する。

 養育者とのかかわり

1　かかわりの中で育つ（愛着の発達）

保育園や幼稚園など入園当初は，「イヤー！」，「帰る！」，「ママー！」，「パパー！」など，親と離れたくない思いから，泣き叫んだり地べたに寝転んで，なかなか動かない子をよく見かける。子どもが母親や父親から離され，落ち

第1部 理論編

分離不安
　愛着対象から分離されることによって引き起こされる不安のことをさす。

ひとみしり
　生後5，6か月頃から12か月頃までの乳児にみられる見知らぬ人に対する拒否的反応をいう。

アタッチメント
　赤ん坊が母親など特定の対象者に対して抱く強い感情的結びつき。ボウルビィによる用語。「愛着」という訳語が定着しているが，「アタッチメント」と記載されることもある。

ボウルビィ（1907-1990）
　イギリスの精神科医で母子関係と人格発達の関係を研究し，乳児は生得的に他者との結びつきを求める行動システムが備わっているという本能説を唱えた。

愛着行動
　定位（注視・後追い・接近など），発信行動（泣き・微笑・発声など），能動的身体接触（抱きつく・しがみつくなど）などの行動を指す。

安全基地
　探索行動を広げたり，不安や不快な場面に遭遇した時などに，心の拠り所となるような人物。母親などの養育者がこれにあたる。

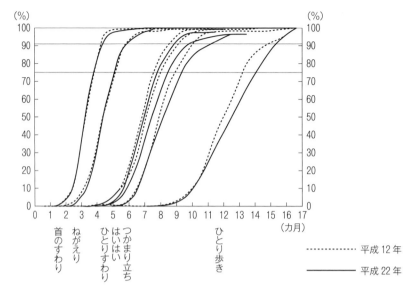

図1-2　乳幼児の運動機能通過率 （厚生労働省（2011），p.11）

着かずイライラしたり泣いたりする反応を，**分離不安**という。大人が**ひとみしり**や分離不安に困らされることは多いが，子どもの発達にとっても困ったことなのだろうか。

　赤ちゃんは養育者とのかかわりの中で，自分を世話してくれる人とそうでない人との区別をつけられるようになる。そのような，特定の人と人との間に形成される情緒的な絆を愛着（**アタッチメント**）という。

　ひとみしりは，身近な人との気持ちの絆ができて見知らぬ人との区別がわかるようになって起こる現象で，愛着が形成された証拠ともいえる。また，分離不安は子どもが親から離れ，独立しようとする気持ちのあらわれともみなされ，どちらも子どもの発達において重要な役割がある。

　ボウルビィ（Bowlby, J.）は，表1-2のように愛着の発達段階を示した。

表1-2　愛着行動の発達 （ボウルビィ，J.（1969），黒田実郎（他訳）（1982），をもとに著者作成）

第1段階 （誕生～生後12か月頃）	〈人物弁別を伴わない定位と発信〉 人の姿を目で追ったり，声のするほうを見たりするが，誰が働きかけても喜ぶ。親などの養育者だけではなく，誰にでも興味を示す。
第2段階 （生後6か月～12か月頃）	〈ひとりまたは数人の弁別された人物に対する定位と発信〉 自分にとって特別な人に対して積極的に働きかけを行う。
第3段階 （生後6か月～2歳頃）	〈発信ならびに移動による弁別された人物への接近の維持〉 愛着の形成が明確になり，ひとみしりが見られる。 母親などの養育者を**安全基地**として探索行動をし始め，愛着の対象を広げていく。
第4段階（2歳以降）	〈目標修正的協調性の形成〉 愛着の対象人物への接近を維持しようとするが，必ずしも身体接触がなくても安心していられるようになる。

2 養育者のかかわり方

エインズワース（Ainsworth, M. D. S.）らは，愛着の個人差を測定するために**ストレンジ・シチュエーション法**（SSP：Strange Situation Procedure）という手続きを考案した。

その結果，愛着関係の様子はAタイプ（回避型），Bタイプ（安定型），Cタイプ（両極型）の3つに分類された。最近では，これら3つのタイプに分類しきれない子どもの様子が散見され，Dタイプ（無秩序・無方向型）が示されるようになってきた。表1-3に各アタッチメントのタイプと，そのタイプによく見られる養育者のかかわり方を分類した。

> ストレンジ・シチュエーション法
> 初めての場所，知らない人の出現，母親の不在などのストレスの強い状況下での乳児の愛着行動を観察するもので，愛着が安定したものか，不安を伴ったものかを捉える方法。

表1-3　愛着のタイプと養育者のかかわり方　（遠藤利彦（2007）. をもとに著者作成）

	ストレンジ・シチュエーションにおける子どもの行動特徴	養育者の子どもへのかかわり方
Aタイプ（回避型）	母親への接近，接触要求が少なく，分離のときの泣きや再会による歓迎行動はあまり見られない。母親からの働きかけを回避しようとする。	子どもからの働きかけに拒否的・回避的な態度を示すことが多い。また，子どもの行動を強くコントロールしようとする働きかけが多くみられる。
Bタイプ（安定型）	母親への接近や接触を求め，分離のときに悲しみを示すが，再会による歓迎行動が目立つ。母親を安全基地として，新奇場面で活発に探索を行うことができる。	子どもからの働きかけや態度に敏感で，適切な応答をしていることが多い。
Cタイプ（両極型）	不安傾向が強く**アンビバレント**な反応が見られる。分離では強い悲しみや不安を示し，再会してもなかなか慰められずに反抗的な行動が見られる。	子どもからの働きかけに対して一貫した態度を取ることが少なく，気分や都合によって変動することが多い。
Dタイプ（無秩序・無方向型）	しがみついてくるかと思えば嫌がるなど，捉えどころがなく，何をしたいのかが読み取りにくく，かかわり難さを感じやすい。	養育者自身が精神的に不安定であり，感情の起伏の激しさを呈する場合がある。

> アンビバレント
> 同じ相手に対して矛盾した気持ちが同時に存在する心理や態度のことをさし，両価性や両価感情ともいう。

ハーロウ（Harlow, 1959）は，アカゲザルの子どもを使って実験を行った。ミルクを飲めるようにした針金製と布製の代理母模型を使って飼育したところ，布製人形のもとで多くの時間を過ごした。子ザルにとって生理的欲求の充足が愛着形成の主要因とはいえず，接触の快感が重要であることを示した。

> ハーロウ（1905-1981）
> アメリカの心理学者でアカゲザルを対象とした実験的研究者として有名である。アカゲザルを人間の愛情形成を考えるための有効なモデルと考え，研究を行った。

言葉の芽生え

1 言語獲得の背景

聴覚は，赤ちゃんが体内にいる時から発達しており，たくさんの音や言葉を聞きながら，おしゃべりの準備をしている。生後間もない赤ちゃんは，英

語の「r」と「l」の発音の違いを聞き分けられるほどの能力を持っているといわれている。その後母国語を習得していく為に，不要な発音の聞き分け能力はなくなっていく。

言葉を獲得する以前の赤ちゃんは，お腹が空いたり，機嫌が悪かったりすると「泣き」，それに大人が応じる。この応答の繰り返しによって「泣く」という行為が赤ちゃんの意思の伝達手段となり，これが言語発達の基盤となる。

2か月頃になると，のどの奥で「クー，クーッ」というのどの奥から柔らかい音声を発するようになる。これをクーイングという。4か月頃になると，「アー，アー」，「エ，エ」のような母音の繰り返しが始まるが，6か月頃になると「ブブブ」，「ババババ」，「バブ，バブ」のような反復した音を発するようになるがこれを**喃語**という。その後複雑な発声になっていき，まるでおしゃべりをしているかのような**ジャーゴン**が見られるようになっていく。

言葉の発達は個人差が大きいが，平均して1歳を迎える頃に，**初語**が見られる。1歳半でおよそ50語の言葉を獲得し，「ママ，すき」，「マンマ，たべる」などの二語文を話せるようになる。その後急激に語彙が増えるが，その時期の様子を形容して，「語彙爆発」，「語彙スパート」，「爆発的言語期」などともいう。

喃語
生後5，6か月頃に始まる非反射的な音声。

ジャーゴン
無意味であるが，子どもが養育者に話しかけるような発声や独り言のように聞こえる発声をいい，ジャルゴンともいう。

初語
初めて発する意味ある言葉。

2 言葉を育む

1歳半くらいの男の子が，父親と砂場で遊んでいるのを見かけた時のことである。子どもが持っていたボールが父親の方に転がっていった。「あー，あっ」と指さししながら，一生懸命父親に訴えかけていた。明らかに，それを父親に取ってほしい様子が見て取れた。しかし，父親は「『ボールを取って』って，ちゃんと言ってごらん」と，子どもが正しく発音するまで，何度も言葉を繰り返させていた。そのうちに，子どもは笑顔を失い，不機嫌そうに下を向いてしまった。

なぜ人は言葉を話すのであろう。相手に何かを伝えたい，関わりたいという思いがコミュニケーションの原動力となり，その手段として言葉を使うのである。言語能力は知識によってのみ育つわけではなく，言語の獲得期には，言葉を教え込もうとするよりも，話をしてみたいという気持ちを育てることが大切である。大人が子どもの発した言葉を一生懸命に理解し，心を込めて語りかけていくと，丁寧に言葉を扱う子どもに育っていく。心は言葉を育み，言葉は心を豊かにしていく。

子どもと大人が離れた場所から同じ犬を見ている様子を図1-3に示した。

このように対象物を一緒に見ることを**共同注視**といい，この関係を**三項関係**という。同一対象に注意を向けることと，気持ちを共有できるようになることで成立し，物を介して誰かに何かを伝えることが可能になる。9か月頃になると，指をさされた対象に視線を向け（指さし理解），**指さし**ができる様になると，積極的に人に何かを伝えようとするようになる。養育者などの大人が適切に応答することにより，子どもの言葉や共感性の発達が促されていく。

共同注視
　母親と子どもなどが，ほぼ同時に同じ出来事や同じ対象に注意を向けることであり，共同注意ともいう。

三項関係
　「自分」と「他者」と「対象」の関係性の理解のことをいう。

指さし
　人差し指で対象を指し示して，他者の注意をその対象に向けさせる行為のこと。

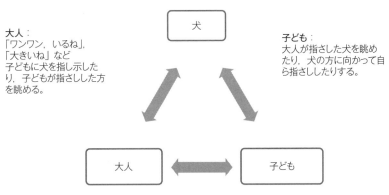

図1-3　三項関係の様子

3　自己制御としての言葉

　言葉にはコミュニケーションの道具以外に，自分の行動を整理したり，コントロールしたりする役割もある。我々大人も次の行動に移る時に，「よいしょ」と思わず声を出すことがあるが，「○○しちゃダメ！」や「こうやって，ああやって」などと，口に出しながら自分に言い聞かせたり，調整したりしている子どもの様子は微笑ましい光景である。最初は大人の指示で制御されていた行動が，自分に言い聞かせる言葉（**外言**）となり，やがてそれが心の中の言葉（**内言**）となって，自己制御できる様になっていく。

外言／内言
　外言は音声を伴う発話であり，内言は思考などの心の中の発話をいう。

 # 社会性の芽生え

1　社会性の発達

　人が人との関係をもつことができることを，社会性とよび，対人関係の能力としても捉えられる。この力はどのようにして発達していくのだろうか。
　ファンツ（Fantz, 1961）の実験（図1-4）から，新生児や乳児であっても単

純な図形より，人間の顔パターンの図形の方が長く注視することが確認されている。人は社会性の芽をもって生まれてくるのだとも言えよう。

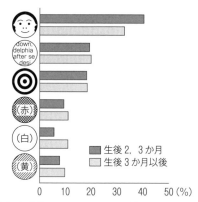

図1-4　注視時間から見た乳児の図形パターンに対する好み (Fantz (1961). pp.66-72)

新生児は生後間もなくから，微笑みの表情を示す。そのかわいらしさに心を奪われ，思わず笑みがこぼれるが，実は口周辺の筋肉が動いている反射に過ぎず，新生児微笑や生理的微笑とも言う。これを知るとがっかりしてしまうかもしれないが，この微笑に大人が関わっていくことで，真の微笑みを導き出すという点では，社会性を育むための大切な反射であるといえよう。新生児微笑は，生後2か月頃には消失し，やがてはたらきかけや状況に笑う**社会的微笑**が現れてくる。

社会的微笑
あやしかけに対して応答する微笑であり，生後3か月を過ぎるころから現れる。

社会的参照
信頼できる人の情緒反応を見ながら，自分の行動を調整すること。

1歳頃になると，親の表情や，声，身振りなどの情緒的な反応を見て，自分の行動をコントロールできるようになるが，これは**社会的参照**（Social referencing）と呼ばれ，社会の中で生きていく上での大切な力となっていく。

2　遊びの発達

「子どもは遊ぶ事が仕事」といわれるように，幼児期の子どもの生活は，ほとんどが遊びである。子どもにとって遊びは新しい体験の宝庫であり，遊びの中で，あらゆるものを学んでいく。

パーテン（Parten, M. B.）は，幼児の自由遊びを観察し，表1-4のように2歳から4歳にかけて，ひとり遊び→平行遊び→連合遊び・協同遊びという順序で，仲間関係が発達していく様子を6つに分類した。

表1-4 遊びの発達 (Parten (1932). pp. 243-269 堀野 緑ら (2000). pp. 135-136 をもとに著者作成)

何もしていない状態	はっきりした遊びのテーマがなく，物や自分の身体をいじったりぼんやりしたりしている。2歳前半でほとんど見られなくなる。
傍観	隣の子どもの遊びに関心は示すが，加わろうとしない。3歳を過ぎるとあまりみられなくなる。
ひとり遊び	一人で遊ぶことに満足。周りの子には無関心。
平行遊び （2〜3歳）	仲良く遊んでいるように見えるが，一人ひとり別々で，互いに関わり合いをもたない段階。集団一人遊びともいう2歳代でもっとも多く見られる。
連合遊び （3〜4歳）	他の子どもたちと一緒に遊び，会話もあり，道具の貸し借りもあるが，役割分担までは進まない。二種以上の行動を同時に取れる。仲間とのつながりが強まり，競争心がおき，けんかが多くなる。3歳から4歳にかけて増加する。
協同遊び （4歳）	共通した目的を持って遊び，競争心やルールに沿って遊びが組織化される。役割分担ができる。

3　仲間関係の発達

　遊びが発達するにつれ，ルールも複雑になってくる。子どもは，いきなりみんなと仲良く遊べるようになるわけではない。子どもは遊ぶのが仕事とはいえ，仲間の遊びについていくのも大変なことである。大人が遊びの相手をするには限界があり，子どもは，子ども同士のぶつかり合いを通して鍛えられ，たくましさの基礎をつくっていくのである。

　仲間関係で育まれるものとして，① 自己抑制・自己主張，② 思いやり・共感，③ 社会的ルールの理解，④ イメージの共有，⑤ 役割の設定，⑥ コミュニケーション能力，⑦ 問題解決能力が挙げられる（岡野，1996）。

　2歳児までのけんかやいざこざの原因は，物や所有に関するものが多く，3歳から4歳にかけて方略の変化が起こり，4歳から5歳頃には言葉によるやり取りが増加し，自他の要求を踏まえた交渉ができるようになっていくなどといった発達的な変化が明らかにされている。相手の気持ちに接し，時にはぶつかり合う経験は，子どもの心に衝撃と変化をもたらし，その後も様々な経験をしながら，成長・発達していく。

仲間関係
　年齢あるいは地位・立場などの同等な仲間との対人関係をいう。

【引用文献】
1) 遠藤利彦（2007）．アタッチメント理論とその実証研究を俯瞰する　数井みゆき・遠藤利彦（編著）アタッチメントと臨床領域　p. 22　ミネルヴァ書房
2) 岡本夏木ら（監修）（1995）．発達心理学辞典　ミネルヴァ書房
3) 岡野雅子（1996）．仲間関係の発達　佐藤眞子（編）乳幼児期の人間関係　人間関係の発達心理学2　pp. 103-130　培風館
4) 厚生労働省（2011）．II 調査結果の概要　平成22年 乳幼児身体発育調査報告書　p. 11（http://www.mhlw.go.jp/toukei/list/73-22.html）
5) シュトラッツ，C.H.，森 徳治（訳）（1952）．子供のからだ　p. 60　創元社
6) Parten, M. B. (1932). Social participation among pre-school children. *Journal of Abnormal and Social Psychology*, **27**, pp. 243-269

7）竹中美香（2012）．ぶつかり稽古の効能　一色 尚（編著）子育てはぶつかり稽古　pp. 81-99　スクールマネジメント研究所
8）Fantz, R. L. (1961). The origin of form perception. *Scientific American*, **204**, pp. 66-72
9）ボウルビィ，J. (1969)．黒田実郎（他訳）(1982)．母子関係の理論Ⅰ　岩崎学術出版社
10）堀野 緑・濱口佳和・宮下一博（2000）．子どものパーソナリティと社会性の発達　北大路書房
11）吉田菜穂子（1995）．原始反射　岡本夏木・清水御代明・村井潤一（監修）発達心理学辞典　pp. 192-194　ミネルヴァ書房

▷▷▷ お薦めの参考図書 ◁◁◁

① 麻生 武（2002）．乳幼児の心理——コミュニケーションと自我の発達——　サイエンス社
② 岡本依子・菅野幸恵・塚田 - 城みちる（2004）．エピソードで学ぶ乳幼児の発達心理学　新曜社
③ 柏木惠子（2012）．関係のなかでそだつ子どもたち発達の心理学　萌文書林
④ 守屋國光（2005）．生涯発達論——人間発達の理論と概念——　風間書房
⑤ 野村庄吾（1980）．乳幼児の世界——こころの発達——　岩波新書
⑥ 三村寛一・安部惠子（2019）．新・保育と健康　嵯峨野書院
⑦ 小川圭子・矢野 正（2019）．新・保育と環境　嵯峨野書院
⑧ 矢野 正・柏 まり（2012）．保育と人間関係　嵯峨野書院
⑨ 石上浩美・矢野 正（2017）．保育と言葉〔第2版〕　嵯峨野書院
⑩ 石上浩美（2019）．新・保育と表現——理論と実践をつなぐために——　嵯峨野書院

第2章 児童期の発達

子どもから大人への変化

　保育・教育・学校教育，という三段構造をもとに教育心理学を考えていく。幼稚園は，学校教育を中心に教育・保育の充実を図る。保育所は，保育・教育から学校教育の実質を充実させる。認定こども園は，保育・教育・学校教育を互いにしっかりつなげる。それぞれの課題を持ち，そのために，幼稚園は，研修時間を活用する。保育所は，研修時間を生み出す。認定こども園は，シフト勤務の工夫をして，少しでも研修時間を日々用意する。いずれにせよ，生活と発達と学びの連続性を強化する方向性が重要である。

　さて，**幼児期**をぬけた**児童期**においては，児童後期（later childhood）ともよばれ，6歳から12歳頃までの時期のことである。子どもから大人への変化の目覚ましい時期であり，とくに小学校の学齢期であるので，学童期（school age）ともいう。この時期は，ピアジェ（Piaget, J.）の具体的操作期（表2-1），エリクソン（Erikson, E. H.）の勤勉性対劣等感の段階（表2-2）に相当する。シュトラッツ（Stratz, C. H.）によれば，この時期は，身体の成長に関しては第二次充実期（8～10歳）であり，性的には男と女の特徴がはっきり現れる両性的子ども時代（8～15歳）の始まる時期であり，乳歯が永久歯に生え変わる永久歯期（8～20歳）である。**フロイト**の心理性的発達段階では潜在期でもある。児童期は，同性同士でまとまる傾向があり，異性に対する関心は，あまり目立たない時期である。

　ハヴィガースト（Havighurst, R. J.）は，児童期（6～12歳）の**発達課題**として，① 通常の遊戯に必要な身体的技能を学ぶこと，② 成長する生活体としての自分自身に対する健全な態度を形成すること，③ 同年齢の仲間と仲良くすることを学ぶこと，④ 男子または女子としての適切な社会的役割を学ぶこと，⑤ 読み・書き・計算の基礎的技能を発達させること，⑥ 日常生活に必要な概念を発達させること，⑦ 良心や道徳性や価値尺度を発達させること，⑧ 個人的な自立（personal independence）を遂げること，⑨ 社会的な集団や制度（institutions）に対する態度を発達させること，の9つを挙げている。ビューラー（Bühler, C.）によれば，自我がより客観化する時期（5～

幼児期
　2歳から6歳くらいまでの時期。幼児期の終わりには，会話や運動が大人のレベルに近づきつつあり，基本的情緒も出そろおうとされる。

児童期
　6歳から12歳ごろの小学生時代。体は急速に大きくなるが，精神的には安定した時代とそうでなくなる時代でもある。児童期後期には緊密な友人関係を築くことから「ギャング・エイジ」とよばれる。

フロイト（Freud, S. 1856-1939）
　臨床医としての治療的実践と対話的自己洞察によって精神分析学を創設し，独創的な人間理解を現代に残した。

発達課題
　各発達段階において，習得すべき心理社会的な課題のこと。これらが解決できない場合にはのちの段階で困難に出会うことになる。時代や文化によって，その内容は，若干異なっている。

表 2-1　ピアジェの発達段階（Piaget（1952, 1970）. をもとに著者作成）

第Ⅰ段階　感覚―運動期（the sensorimotor period：0〜2歳） 　言語が発達する以前にも知能と呼ぶことができる行動があり，それを感覚運動的知能（sensorimotor intelligence）と呼ぶ。感覚運動的知能は，知覚や運動にもっぱら頼った行為をする知能であって，反省する知能ではない。
第Ⅱ段階　前操作期（the pre-operational period：2〜7歳） 　この段階は，象徴的および前概念的思考（symbolic and pre-conceptual thought）の段階と直観的思考（intuitive thought）の段階に分けることができる。 　**象徴的および前概念的思考の段階**（2〜4歳）では，子どもは能記（significants：意味するもの）と所記（significates：意味されるもの）を区別するようになり，象徴（個人的能記の体系）が形成され，言語（集団的記号の体系）が習得される。こうした象徴機能の出現によって表象が可能となり，目の前に存在しない時間的ならびに空間的に離れた対象を考えることができるようになる。この段階の特徴は，思考が概念よりも知覚に支配されており，知覚面が変化すると事物の同一性を保存（conservation）できないことである。たとえば，この段階の子どもは，一方の容器から他方の容器に液体が注がれる場合，その液体の高さや幅が変化すると，液体の量が変化したと判断してしまう。もう一つの特徴は，子ども自身の特殊な状態とか観点に思考が中心化（自己中心性）されていて，他者の立場から物事を考えることができないことである。 　**直観的思考の段階**（4〜7歳）は，具体的操作期への準備期であり，より複雑な思考が可能となる。しかし，思考は前論理的であり，知覚上から判断される直観的な推論がなされ，依然としてまだ中心化されており，非可逆的であり，同一性の保存が不可能である。
第Ⅲ段階　具体的操作期（the period of concrete operations：7〜12歳） 　この段階の証しは，真に可逆的な操作が獲得されることである。子どもはこの段階で脱中心化し，保存が可能となり，同一性の概念を理解し始める。また包摂（inclusion）のような全体と部分の関係や配列（seriation）のような相対的関係を扱うことができるようになり，数の概念が構成される。ただし，保存や配列の問題も，具体的な事物が与えられずに言葉だけで表現されると，適切に答えることはできない。具体的操作という名称の所以である。

表 2-2　エリクソンによる自我発達の段階（Erikson（1963, 1964, 1978）. をもとに著者作成）

段階	核心的葛藤	基本的徳目
Ⅳ 潜在期 （学童期）	**勤勉性　対　劣等感**（industry vs. inferiority） 　この段階で人は勤勉性の感覚を発達させる。彼は道具の世界の無機的な法則に順応し，生産場面の夢中で熱心な一つの単位となることができる。生産場面を完成させることが遊びの気まぐれさや願望に徐々に取って代わる一つの目標となる。彼は不断の注意と不屈の勤勉さによって仕事の完成の楽しみを発達させる。彼の自我境界には道具と技能が含まれる。道具の使用を通して，科学技術の基礎が発達する。分業や機会均等の最初の感覚つまり文化の技術的精神の感覚が発達する。すべての文化でこの段階の子どもたちは何らかの組織的教育を受ける。この段階での危険は，先行する葛藤の不十分な解決によって引き起こされる不適当感と劣等感の発達である。	**能力**（competence） 　能力とは，幼児期の劣等感に損なわれずに，課題の完成に際して器用さと知能を自由に働かせることである。能力は科学技術への共同参加の基礎となる。

9歳）と，より主観化する時期（9〜14歳）である。また，人生に関してはまだ自己決定がなされる以前の時期である。

　子どもと大人の違いはいったい何であろうか。一番の大きな違いは，子どもは養育を受ける側にあり，大人は養育する側に立つということである。子どもは，何かをしてもらう存在であり，何かをしてもらって当然と受け止める。それに対して大人は，何かを人のためにしてあげる存在に，誰かのためにいろいろとしてあげようと思えることである。

認知的発達

ピアジェによると、この時期の認知発達は「具体的操作期」である（表2-1）。ピアジェによる認知発達の説明は、本質的に質的なものであった。というのも、それが段階説であったからである。第1章では触れられなかったが、ピアジェは認知発達には4つの大きな段階があるとした。感覚―運動期では、認知は活動に基づいており、前操作期では、認識の仕方が活動から操作へと発達していく移行の段階であり、具体的操作期では、認知は具体的なモノやそれらの関係についての象徴的な理解をもとにしている。そして「形式的操作期」では、認知は仮説検証や科学的思考によって特徴づけられる。しかし、ピアジェは量的な変化が生じるということも認めている。新しい段階が始まるとき、基本的な認知の再構造化が生じるが、それを引き起こす因果メカニズムは、認知的均衡を求める傾向がある。認知的均衡は、**同化と調節**の相補的なプロセスを基本としている。それらのプロセスは漸次的であり、漸増的である。調節とは、子どもの概念（認知的シェマ）を現実に適合するように徐々に変化させる作用のことであり、同化は、現在の認知的シェマに基づいて経験を説明する作用のことである。

4つの段階における子どもの認知機能を理解するために、それぞれの段階で獲得される主要な認知の特徴をみてみよう。まず、感覚―運動期に獲得される重要な認知はモノの永続性の概念である。つまり、モノは見えなくなっても存在しているということの理解である。ピアジェによると、モノの認知表象は、生後18か月を過ぎてから徐々に獲得される。乳児はモノと乳児自身の運動の区別がつかず、12か月児でさえ、モノの存在は動きと結びついているという信念は、8〜12か月の乳児にみられる「A-not-B」エラーに現われている。このエラーは、探しているモノが、自分の目の前で新しい位置（B）に動かされたとしても、以前にあった位置（A）を探し続けるという失敗のことである。ピアジェは、乳児はAの位置を探すという行為によってAの位置にモノが再現されると信じていると指摘した。完全にモノの永続性が獲得されたといえるのは、たとえ乳児が見ていないところでモノが隠されたとしても、それを見つけることができるようになってからである。

「前操作期」では表象の能力を使って延滞模倣、象徴遊び（ごっこ遊び）、描画、心像（見たり聞いたりしたことを思い浮かべる働き）、言語といった行動が現われてくる。言語が思考に介入し始める。概念化が進み、推理も生じるが、なお知覚に支配されていて直観的である（直観的思考）。つまり、この段

> **ピアジェ**（Piaget, J. 1896-1980）
> スイス生まれ。心理学のみならず、哲学、論理学、教育学に広く活躍。面接や実験の手法を用いて、認識の発達段階に関する理論的構築を行った。幼児研究やカリキュラム改革運動に大きな影響を及ぼした。

> **同化と調節**
> 「同化」は環境と自分の中に取り込む働きであり、「調節」とは自分の環境に合わせて変えるはたらきのこと。ピアジェの用語である。

階では外界の事物や事象が完全に正しく心内に反映されているわけではなく，操作能力が不十分なため，特徴的な誤りが見られる。たとえば，物の見かけが変わると，その数や量も変わったと判断したり，分類に当たって全体と部分の包含関係が理解できなかったり，他の人も自分と同じように見たり感じたりしていると考えていたりする（自己中心性）。

学童期である「具体的操作期」に獲得される重要な認知は，推移律を理解することである。これは，モノとモノの関係に基づいて論理的推論を行い，順序立てる能力のことである。推移律は，論理的「操作」（もしくは概念）のまとまり（群性体）の一つであり，論理的思考の具体的操作期の開始を示すものである。ほとんどの子どもは，6〜7歳頃にこれらの論理的概念を獲得するといわれている。たとえば，典型的な推移律の問題は，「トムがエドワードよりも大きくて，エドワードがジョンよりも大きいとしたら，トムとジョンのどちらが大きいか」というような形式の問題であるが，具体的操作期より幼い子どもにはそれを解くことができない。幼児期には少なくともピアジェの推移律課題のように，前提が連続的に示された場合は，心的論理を用いて，前提情報を組み合わせ，トムの方が大きいことを導き出すことはできないと考えられる。

最後に，「形式的操作期」に獲得される重要な認知は，アナロジー（類推）によって推論する能力である。「形式的操作期」では，具体的操作の結果（たとえば，モノの関係の特徴）を得て，それらの論理的関係について推論することができる。そして，このような認知というものは，11〜12歳頃までに獲得される。ピアジェの「自転車のハンドルは船の舵」という例のように，アナロジーでは，関係の類似性を認識することが必要となる（この例での類似の関係性は，「操縦のメカニズム」である）。モノの関係性の中にさらに関係を作り出すことは，推論のより高次な形であり，論理的思考の発達の最終段階の特徴だと考えられる。つまり，アナロジーは形式操作的思考をもっともよくあらわす例示であるといえる。

学級集団と社会化の促進

学級集団
　教育目標の達成を効率化するために，担任教師のもとに集められた発達段階を同じくする子どもの集団。

　この時期の主たる特徴は，学校生活の開始により社会化が一層促進されることである。小学校期では，**学級集団**の発達と言い換えることもできる。それまで親の下での保護的な家庭生活であった子どもたちは，教師の下での教科学習と集団生活を重視する学校・学級生活に新たに適応しなければならな

い。ほとんどの子どもたちは、すでに幼稚園や保育園等で集団生活を体験しているとはいえ、学校生活・学級集団への適応はたいへん重要な問題である。

（1）学級集団の特徴

学級は、教育目標を達成するために公の制度に基づいて**発達段階**を同じくする子どもたちが集められた集合体であり、意図的に形成された「公式集団（formal group）」といえる。こうした公式集団に所属し、システム化されたさまざまな活動に参加することで、子どもは成熟した社会の一成員になるための準備を進めることになる。一方、諸活動を続ける中で、子ども同士の相互関係が活発化すると、仲良しグループのような形で心理的な結びつきによる下位集団が発生する。このように自然発生的につくられた情緒的色彩の強い集団が「非公式集団（informal group）」で、子どもの学習行動や心身の発達に公式集団と同等もしくはそれ以上の影響を及ぼす。すなわち学級は、制度的に組織化された公式集団の中に自然発生的な非公式集団が含まれるという「二重構造」をもつものといえよう。

さて、教師は、身体的にも精神的にも知識のうえでも、子どもたちより優越しており、強い影響力をもって学級を統率する立場にある。そのため、教師が子どもとどのようなかかわりをもち受け入れるかという姿勢が、その学級のあり方を左右する。また教師は、賞（褒める）・罰（叱る）の執行者としての役割を通じて、子どもの学習意欲を高め、望ましい行動様式を獲得させる指導者でもある。とくに学級場面では、ほめ言葉や叱責という社会的評価を与えられた本人だけではなく、教師から仲間がそのようにして強化されるのを周りで観ている子どもたちにも同じような効果が及ぶことがある。筆者も学級風土（**学級雰囲気**）の醸成について、「支持的風土」と「防衛的風土」を対比させて論じている（矢野、2009）。このように、教師が行う指導や教師のパーソナリティは、直接的にも間接的にも子どもの学級生活に影響を及ぼすものである。

（2）学級集団の機能

子どもが1日のうち、もっとも活動的な時間を同世代の友人とともに過ごす学級集団というものは、どのような機能をもつのだろうか。

人間の社会的欲求には、居場所を求める「所属欲求」、人とのかかわりをもとめる「親和欲求」、仲間の一員として認めてもらいたい「承認欲求」などがある。子どもは学級生活を通し、心のよりどころを見つけ、仲間を受け入れ、受け入れられる体験を通じて、これらの欲求を満たしていく。一方で、

発達段階
ある観点（たとえば、知性）に基づいて、顕著な特徴を手がかりに発達の過程をいくつかの段階に分けたもの。

学級雰囲気
学級内での人間関係が活発となり、ある程度のまとまりをもつようになると、その学級に独特の雰囲気、すなわち、その学級を支配する集団雰囲気が形成される。いったん形成された学級雰囲気は、活動の効率性やモラールに影響を及ぼす。

ストレス
心身の適応能力に課せられる要求，およびその要求によって引き起こされる心身の緊張状態を包括的に表す概念。

欲求不満耐性
従来は欲求不満状態に耐えることをいったが，最近ではそれにとどまらず，欲求不満状態にうまく対処する力（対処能力）も含めることが多い。欲求不満を含め嫌な出来事（ストレッサー）に対して，我慢したり，うまく対処したりする能力のことは「ストレス耐性」とか「ストレス対処能力」という。

バズ学習
協同グループ学習の一手法であり，小集団による自由な討議活動を授業に取り入れ，その結果を持ち寄って学級全体でさらに発表・討議を行う。小集団では，他者からの圧迫感が少ないため，のびのびと自由活発に活動・意見でき，各個人が高い関与感を保つことができる。

フェスティンガー
（Festinger, L. 1919-1989）
アメリカの心理学者。彼は社会心理学においては数学的，測定論的厳密さにこだわるより，理論や方法の曖昧さを許容したほうが，発見的価値が高いことを主張した。

これらの欲求が思い通り満たされないときに，**ストレス**をため込み不適応状態に陥ることのないように**欲求不満に関する耐性**を習得していく。また，学業やスポーツなど様々な活動を通して，自己のもてる力を最大限に発揮して，成長を遂げようとする「自己実現欲求」が刺激されることもある。筆者（矢野，2013）は，「中学校3年間の発達の問題として，まず中学1年のころは，まだ子どもの世界から青年の世界に触れてみるという感じで，具体的な生活のなかで，満足感や安心感を得ていることが多い」と述べている。

　教室で行う学習活動ではさまざまな効果が期待される。たとえば，班活動や**バズ学習**のように他者と協力して課題を解決することで，動機づけが高められ知識の幅が広がるなど，個人学習では得られない教育効果が生み出される。最近では，ディベートやエンカウンターでの学習もさかんに実施されている。また，一人では続けられない美術の工作を，仲間と一緒に机を並べて行うことで粘り強く取り組むこともある。オルポート（Allport, G. W.）は，このように他者の存在によってパフォーマンスがよくなる現象を「社会的促進（social facilitation）」とよんでいる。

　しかし，他者の存在がかえってマイナスに作用する場合も考えられる。歴史の年号や英単語は，教室場面より単独の方が暗記しやすいだろう。あるいは，一人だとスムーズに読める国語の教科書を，授業中にみんなの前で朗読するとうまく読めない場合もある。このように他者の存在によって作業の効率が低下する現象を「社会的抑制（social inhibition）」という。一般的には，十分に学習し慣れ親しんだ課題を行うときには他者の存在によって社会的促進が生じやすく，困難な課題や学習が不十分なときには社会的抑制が生じやすい。

（3）社会化の発達

　学級は教科学習の場として機能するほかに，「社会化」のプロセスを形づくる場としても重要な意味をもつ。子どもは，教師や仲間との相互関係を通して自己の所属する社会の価値基準を体得し，自己理解を深めていく。

　フェスティンガー（Festinger, L.）によると，人は自分の考えや行動の適切さを評価したいという欲求をもつ。しかし，そうした判断を行うための客観的基準がないときには，他者と比較することで自己について評価を下す。たとえば，級友との比較である。学級のルールや目標を決めるときに，自らの意見と級友のものを比較することで，自分の考えは適切なのだと判断するようなことがある。こうした比較過程を通して，子どもは自分のもつ態度や行動の適切性を確認するだけでなく，他者の考え方や行動を認識して，世の中

の基準やルール，規則を取り入れていく。

　さて，今日の学歴偏重社会では，学習面での脱落は人生での落伍に結びつくと保護者は考えがちである。そのため，子どもたちは放課後の自由な時間を塾通いなどで奪われてしまっている。児童期は，かつてはギャング・エイジ（gang age：徒党時代）ともよばれ，子ども同士が少人数の仲間集団をつくって，学習をはじめ，遊びやその他の活動を共有し合う現象が頻繁にみられたが，現在はこの用語は次第に死語となってきている。仲間との集団活動の中で，子どもたちは役割の分担や，責任の遂行，規則の遵守，問題解決方法の発見の仕方など，多くのことを互いに自然と学び合えたが，今ではそれを家庭や学校で保護者や教師たちが意識的に教え込まなければならなくなっている。その結果，子どもたちは大人の基準で行動し，順応した子ども化となり，いわゆる子どもらしさは失われてきている。

　この時期の社会化に関連したもう一つの重要な問題は，テレビや漫画，携帯電話などのいわゆる映像文化の影響である。映像はそのまま表象になるという利点の反面，全く受身的になっても入ってきてしまうため，無批判に受け入れてしまうという危険性も孕んでいる。また，その時点での印象も活字よりは強烈である。こうした映像文化が子どもたちの発達に及ぼす影響については，様々な角度から研究が進められている（たとえば，Berry, G. L. and Asamen, J. K., 1993）が，**観察学習（モデリング）** の観点からも，かなり重要な要因であることは疑いようもない。一日の過ごし方といった生活形態面でもすでに大きな影響が表れている。

　近年，非行や自殺などの現象の低年齢化が進行しているが，それは，子どもたちの大人化（発達の加速化現象）の進行の現われであるともいえ，こうした現象への映像文化やICTの普及の影響は計り知れないものがある。

道徳性の発達

　児童期から青年期にかけての社会化の問題として**道徳性**の発達の問題がある。表2-3は，**コールバーグ**（Kohlberg, L., 1969）による道徳判断の発達段階を示したものである。これらの段階は，一連の架空の道徳的ジレンマ（moral dilemma）に対する10歳と13歳と16歳の子どもたちの反応を分析して公式化されたものである。たとえば「ハインツは薬を盗む」と題するジレンマの概要は，「特殊な癌で死に瀕している妻のために夫ハインツは特効薬を買おうとするが，薬を発見した薬剤師は原価の10倍の値段を要求した。代金の

観察学習（モデリング）
　学習者自身の直接体験や外部からの教科による学習とは異なり，他者の行動をモデルとして観察することによって行動を習得する学習。バンデューラ（Bandura, A.）が提唱した。

道徳性
　正邪善悪に関する基本的社会規範に対する個人のかかわり方。一般に，道徳規範に合致した行動をとれるか否かという行動的側面，行動の可否に伴う満足感や罪障感などの感情的側面，道徳規範や状況の理解にかかわる認知的側面に分けられる。

コールバーグ
（Kohlberg, L. 1927-1987）
　アメリカの哲学者。表面的な道徳的行動や知識の内容ではなく，道徳的判断の背後にある認知的構造に焦点を当て，3水準6段階の発達段階説を提唱した。

表 2-3　コールバーグによる道徳判断の発達レベルと発達段階 (Kohlberg, L. (1969), p.376 をもとに著者作成)

レベル	道徳判断の根拠	発達段階
Ⅰ	道徳的価値は，人や規範にあるのではなく，むしろ外部の準物理的な (quasi-physical) 出来事とか，良くない行為とか，あるいは準物理的なニーズにある。	第1段階：服従と罰への志向 (obedience and punishment orientation) ——上位の権力とか威光への自己中心的な服従，あるいはトラブルを回避する構え。客観的な責任。 第2段階：素朴な自己本位的な志向 (naively egoistic orientation) ——自己のニーズを満たし，時には他者のニーズを満たす手段となる行為は，正当な行為である。価値とは，それぞれの行為者のニーズや見解に応じた相対的なものであると自覚している。素朴な平等主義，ならびに交換と互恵主義への志向。
Ⅱ	道徳的価値は，立派な役割とか正しい役割を遂行することにある。すなわち，慣習的な秩序や他者の期待を損なわずに維持することにある。	第3段階：良い子への志向 (good-boy orientation) ——是認されることへの志向や，他者を喜ばせたり援助したりすることへの志向。大多数がそうしているとか人情として当然そうすべきであるといった常同的なイメージへの服従。意図による判断。 第4段階：権威と社会的秩序の維持への志向 (authority and social-order maintaining orientation) ——「義務を果たす」ことへの志向，権威に敬意を示すことへの志向，および特定の社会的秩序そのものを損なわずに維持することへの志向。他者から受ける期待を尊重。
Ⅲ	道徳的価値は，共有し合うあるいは共有が可能である規範とか権利とか義務に自分が従うことにある。	第5段階：契約的な法律重視的志向 (contractual legalistic orientation) ——規則とか期待を協定のための専断的要素もしくは出発点として承認。契約という点から義務を定義し，他者の意志とか権利や，大多数の意志と安寧を侵害することを全面的に回避。 第6段階：良心とか原理への志向 (conscience or principle orientation) ——現に制定されている社会的な規則への志向だけでなく，論理的な普遍性と一貫性へのアピールを含む選択の原理への志向。指揮監督者としての良心への志向と，相互の尊重と相互の信頼への志向。

規範
　社会や集団において個人が同調することを期待されている行動や判断の基準，準拠枠で，これには行動の望ましさも含まれる。

半分は借金で工面したが，その薬で一儲けを企んでいる薬剤師は，値引きにも代金の一部後払いにも一切応じない。自暴自棄になった夫は，薬剤師の店に押し入り，妻のためにその薬を盗んだ。夫はそうするべきだったのか」というものである。

　レベルⅠは前慣習的道徳推理 (preconventional moral reasoning；4～10歳) のレベルで，賞罰の意識による自己中心的な段階と，実用的な結果による自己本位的な段階である。レベルⅡは，慣習的道徳推理 (conventional moral reasoning；10～13歳) のレベルで，他の人たちを喜ばせたり賞賛を得る段階と，社会の慣例や規準や規則や価値との一致を尊重する段階である。レベルⅢは，後慣習的道徳推理 (postconventional moral reasoning) のレベルで，自由と公正と幸福に関わる個人的な価値を意識する段階と，すべてに公平で誰をも尊重する抽象的で普遍的な原理の段階である。第1段階から第6段階までの道徳的発達段階をよく読んでいただきたい。

【引用文献】
1) Berry, G. L. and Asamen, J. K. (Eds.) (1993). *Children & Television: Images in a changing sociocultural world.* Newbury Park: Sage Publications.

2）Kohlberg, L.（1969）. Stage and sequence: The cognitive-developmental approach to socialization. In. D. A. Goslin(Ed.), *Handbook of socialization theory and reseach.* pp. 347-480 Chicago: Rand McNally and Co.
3）Piaget, J.（1952）. *The origins of intelligence in children.* (Trans. by M. Cook) New York: International Universities Press.
4）Piaget, J.（1970）. Piaget's theory. (Trans. by G. Gellerier and J. Langer) In P. H. Mussen (Ed.) *Carmichael's manual of child psychology.* 3rd ed., Vol.1, pp. 703-732 New York: John Wiley & Sons.
5）Erikson, E. H.（1963）. *Childhood and society.* 2nd ed., New York: W. W. Norton & Co.
6）Erikson, E. H.（1964）. *Insight and responsibility: Lectures on the ethical implications of psychoanalytic insight.* New York: W. W. Norton & Co.
7）Erikson, E. H.（1978）. Reflections on Dr. Borg's life cycle. In E. H. Erikson (Ed.), *Adulthood.* pp. 1-31 New York: W. W. Norton & Co.
8）矢野 正・宮前桂子（2009）. 学級経営の達人　久美出版
9）矢野 正（2013）. 生徒指導論　ふくろう出版

▶▶▶ お薦めの参考図書 ◀◀◀

① 矢野 正・宮前桂子（2011）. 教師力を高める学級経営　久美出版
② 今城周造（1993）. 社会心理学——日常の疑問から学ぶ——　北大路書房
③ ポルトマン，A.・高木正孝（訳）（1961）. 人間はどこまで動物か　岩波新書
④ 磯部晋吾（2015）. 名門私立小学校の先生が書いた心を育む35のたね——かっこいいオトナの育て方——　日本学習図書
⑤ 河村茂雄（2010）. 授業づくりのゼロ段階——Q-U式授業づくり入門——　図書文化
⑥ 本川達雄（1992）. ゾウの時間 ネズミの時間——サイズの生物学——　中公新書
⑦ 矢野 正（2018）. 生徒指導・進路指導論　ふくろう出版

第3章 青年期の発達

　教師は誰もがかつて青年であった。このことは，青年期を生きる生徒とかかわる上で，大きな強みであると同時に危険性もある。教師は自身の青年期の体験を参照枠として，目の前の生徒に共感したり理解したりすることができる。その反面，「自分はもっと苦労したのに，何が不満なのか」，「私も負けずに頑張ってきたんだから，あなただってできる」というような独りよがりなかかわりをもたらす危険性もある。教育心理学を学ぶことは，自身の体験を大切にしながらもそれを絶対視することから脱し，目の前の生徒とのかかわりに新たな視点や手がかりを得ることにつながる。本章では，社会の中での発達，人間関係の発達，キャリア発達という3つの観点から，青年期の発達について考えていく。

1 社会の中での発達

1 青年期の発達的変化

　青年期（adolescence）は，"10歳代から20歳代半ば頃まで，つまり，思春期的変化の始まりから25, 26歳までの子どもから大人への成長と移行の時期"である（久世，2000, p.4）[1]。このように青年期は，「子どもでも，大人でもない」時期といえる。

　青年期は，産業革命によって社会の工業化が進み複雑な作業への従事が必要になったこと，そして子どもの権利保障が進み労働や生産の場から解放されたことで歴史的に誕生した。将来の職業や人生を選択していくための教育と訓練の期間として，青年期は位置づけられたのである。

　青年期には，心理的変化，身体的変化，社会的変化が起こる。心理的変化として，目の前にある具体的な事物を超えた抽象的思考が可能になり，**自我のめざめ**がみられる。身体的変化として，**二次性徴**や成長ホルモンの分泌がある。社会的変化として，家族関係に加えて友人関係の重要性が増し，刑事処分が14歳以上で可能になることや18歳以上の選挙権など法的立場も変遷する。これらの変化が相互に影響し合いながら，青年は発達していく。

青年期
　子どもからおとなへ移行する発達時期である。10〜13歳に始まり，日本では30代頃までとする場合もある。

自我のめざめ
　「内なる宇宙」とも呼ばれるように，自分の心が他者とは異なる独自な世界であることを発見する。

二次性徴
　誕生時の生殖器の形態に基づく一次性徴に対して，初経や精通から身体的成熟までを含んだ性の特徴である。

2 自分と異なる他者の視点

「こんな髪型で学校に行ったら，みんなから笑われてしまう」このような思いを抱いて鏡の前から動けなくなった経験のある方も少なくないだろう。青年期には，なぜ周りの目が気になってしまうのだろうか。

青年期の発達をとおして，自分とは異なる他者の視点に立つことができるようになる。このことは，社会の中で他者と共に生きるための基盤にもなり，他者の視点を取り入れながら自分をふり返ることにもつながる。しかし，その発達の途上では他者の視点と自分の視点を区別することがうまくできず，他者の視点の影響が大きくなるのである。

セルマン（Selman, R. L. 2003）は，幼児期から青年期までの**視点取得能力**の発達を5つのレベルに分けている（表3-1）[2]。幼児期に自分の気持ちや感情が他者と区別されていない状態から，次第に相手，第三者，社会的慣習など一般化された他者の視点を考慮して自分自身を理解することができるようになる。さらにセルマンは，VLF（Voices of Love and Freedom）という子どもの視点取得能力を育む心理教育を実践している。

> **視点取得能力**
> 自他の視点の違いを意識し，他者の視点に立って感情や思考を推論して，調整しながら問題解決を図る能力。

表3-1 視点取得能力の発達（Selman（2003）[2]，平石（2011）[3]．をもとに著者作成）

レベル	出現する年齢	視点取得能力の特徴
0	3〜5歳	一人称的（自己中心的）視点取得 　自己中心的な視点で理解する 　人の身体的特性と心理的特性を明確に区別できない
1	6〜7歳	一人称的・主観的視点取得 　自分の視点と分化した他者（あなた）の視点を理解する
2	8〜11歳	二人称的・互恵的視点取得 　他者（あなた）の視点から自分の主観的な視点を理解する
3	12〜14歳	三人称的・相互的視点取得 　第三者（彼・彼女）の視点から自分たちの視点を理解する
4	15〜18歳	三人称的・一般化された他者としての視点取得 　多様な視点の文脈のなかで自分自身の視点を理解する

3 アイデンティティ形成

映画『耳をすませば』の主人公「月島雫」は，中学3年生で周りの友人と同じように受験勉強をしているが，何となく身が入らない。そのような中，ヴァイオリン職人を目指す「天沢聖司」と出会う。夢に向かって進む「天沢聖司」と自分を比べ，「自分はこのままでいいのか」という思いを抱き，自分も物語を書くことに挑戦する。

エリクソン（Erikson, E. H. 1959/2011）は，子ども時代に同一化した両親の

アイデンティティ
「自分が自分である（自分＝自分）」ことが，生活空間，時間，他者との間で問題になることである。

言動や価値観を自分なりに選択して再統合することで同一性，すなわち**アイデンティティ**を形成すると論じている[4]。このことは，『耳をすませば』の「月島雫」が不安と格闘しながらも，少しずつ自信を獲得していく姿にも重なる。エリクソンは，青年期の発達的テーマを「アイデンティティ　対　アイデンティティ拡散」とし，アイデンティティを100％達成することを目指すものではないと述べる。「アイデンティティ（同一性）」と「アイデンティティ（同一性）拡散」がせめぎ合いながらも，前者が後者より優勢で安定している状態が重要になる（図3-1）。いわば相反する陽（ポジティブ）と陰（ネガティブ）の両方の感覚が，青年期の発達には必要になるといえる。

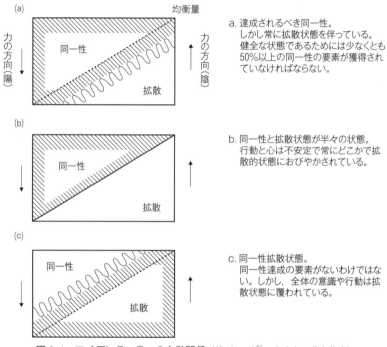

図 3-1　アイデンティティの力動関係（鑪（2002）[5]．をもとに著者作成）

「アイデンティティの感覚」とは，自分は他の誰でもない自分であり（斉一性），過去・現在・未来も変わることのない自分である（連続性）と自分自身が実感し，そのような自分を自分にとって重要な他者も認めてくれているという自信や調和した感覚をいう。このように，アイデンティティ形成は他者を必要とするのである。次節では，社会の中で青年が出会う人間関係の発達について解説する。

2 人間関係の発達

1 青年期の人間関係

　青年は真空の中にただ一人で発達するわけではない。親，きょうだい，祖父母などの家族関係に加えて，友人や恋人，さらには学校における教師や地域社会など，様々な人間関係の中で青年は発達していく。

　青年期は親からの自立を模索する時期でもある。親との関係は，児童期までにとどまらず，青年にとっても重要な関係であり続ける。青年期の発達をとおして，親に対する感謝を素直に感じられるようになることも示唆されている（池田，2011）[6]。親からの自立とは，青年が親から心理的に離れると同時に親と結びつくことが両立し，一人の人間同士の対等な関係を築いていくことであるといえる。

　さらに青年期には，友人や恋愛など，同世代との関係の重要性が増していく。LGBT（エル・ジー・ビー・ティー）の活動が示すように，恋愛対象は異性とは限らない。男性と女性という二分法的観点ではなく，青年期の性や恋愛を多様な観点から理解する必要がある。続いて，青年期の友人関係について詳しくみていく。

> LGBT
> 　レズビアン，ゲイ，バイセクシャル，トランスジェンダーの頭文字を取ったものであり，性の多様性を強調する。

2 友人関係の発達

　映画『スタンド・バイ・ミー』の主人公ゴーディは12歳の頃に，仲間たちと秘密の隠れ家に集まり，タバコを吸ったりカードをしたりして過ごしている。ある日，ゴーディたちは，行方不明になっている死体探しの冒険に出かける。ゴーディは作家になる夢を抱いているが，優秀だった兄の事故死もあり，父親から自分は嫌われていると思い悩んでいる。夢をあきらめると話すゴーディに親友のクリスは言葉をかける。「お前には小説を書く才能がある。大事なものを簡単に捨てないように，誰かが見守る必要があるんだ。お前の親がだめなら，オレが傍にいてやる」ゴーディとクリスは，お互いに支え合い，それぞれ作家と弁護士になる。

　仲間関係は児童期から青年期にかけて，同質性を条件とする関係から，お互いの異質性を認め合う関係へと発達する（表3-2）。ギャング・グループ（gang-group）は，映画『スタンド・バイ・ミー』の少年たちのように，おとながやってはいけないというものを仲間と一緒にルール破りをする「ギャン

表3-2 仲間関係の発達 (保坂 (2010)[7], 戸田 (2009)[8], をもとに著者作成)

	発達段階	年齢の目安	関係の特徴	集団の特徴
ギャング・グループ (gang-group)	児童期後半	小学校中学年以降	同一行動による一体感	同性同年齢の集団が多い
チャム・グループ (chum-group)	思春期前半	中学生	同一の関心・互いの類似性や共通性など言語による一体感	同性同年齢の集団が多い
ピア・グループ (peer-group)	思春期後半	高校生	共通性・類似性だけでなく,異質性をも認め合う	異年齢や異性もありえる

グ（悪漢）」のような関係である。チャム・グループ（chum-group）は、いわゆる仲良しグループであり、「同じアイドルが好き」「趣味が同じ」など「私たちは同じね」という確認をおこなう関係である。ピア・グループ（peer-group）は、お互いの異質性を認め合い、違いを乗り越えたところで、自立した個人として尊重し合いながら共にいることができる関係である。映画『スタンド・バイ・ミー』のゴーディとクリスのような関係といえる。

青年は発達に伴い、表面的な友人の数ではなく、お互いに理解し支え合うことのできるかけがえのない一人の親友を求めるようになると考えられる。

3 友人関係にインターネットが及ぼす影響

「知らないところで話が盛り上がっているのが不安でたまらない。だから寝るときもケータイが手放せない」表3-3に示すように、中学生の約7割と高校生の約9割がスマートフォンあるいは携帯電話でインターネットを利用している。青年期の友人関係には、対面とインターネットを介した二重の関係がみられる。

インターネットを介したコミュニケーションには、① 24時間やり取りが

表3-3 インターネット接続機器の利用状況 (内閣府 (2019)[9], をもとに著者作成)

	スマートフォンの利用率	携帯電話の利用率	インターネットの平均的な利用時間
小学生 990人 (847人)	40.7%	2.4%	118.2分
中学生 1,175人 (1,118人)	65.8%	3.1%	163.9分
高校生 903人 (894人)	94.3%	1.1%	217.2分

注：「スマートフォン」と「携帯電話」からは、いわゆる格安スマートフォン、機能制限付や子ども向けのものを除外している。（ ）内は、「インターネットを利用している」と回答した人数であり、利用状況に関する質問への回答者となる。そのうち5時間以上インターネットを利用している小学生は6.1%、中学生は13.3%、高校生は23.2%である。

可能であること，② 書き込んだ内容が不特定多数の相手に瞬時に広まる可能性があること，③ 教師や保護者による把握が難しいことなどの特徴がある。近年のSNS（Social Networking Service）の影響として，友人関係の可視化が指摘できる。「既読無視」といわれるような相手の反応や友人グループの範囲など，従来はグレーであった領域が白と黒に可視化されてしまう。森口（2011）は，仲間内の「キャラ」が決まることで**スクールカースト**が生じ，**ネットいじめ**とともに影響を与え合うことを指摘している[10]。

インターネットには，その利便性だけでなく，世界中の青年と友人になることのできる可能性がある。「つながらない自由」も含めて，インターネットの活用について青年とおとなが一緒に考えていく必要がある。次節では，学校の卒業後も継続する，青年のキャリア発達について解説していく。

スクールカースト
「運動ができる」といった能力や人気などの基準で暗黙あるいは明示的に決まるクラス内の序列意識である。

ネットいじめ
インターネットを介したいじめで，誹謗中傷メールや，ネット上での悪口の書き込み，なりすましなどがある。

3　キャリア発達

1　キャリアの意味

「キャリア」は単なる「職業」という意味ではない。キャリアとは，"生涯において個人が果たす一連の役割，およびその役割の組み合わせ"と定義される（下村，2009, p.20)[11]。キャリアの語源はラテン語のcarrus（荷車）であり，生涯にわたる役割や経験の積み重ね，一連のものが継続していくこと，自ら作り上げていけること，などの意味合いが含まれている。

生涯にわたってキャリアをとおして自己実現していくとする考え方をキャリア発達理論という（白井，2010, p.231)[12]。スーパー（Super, D. E. 1980）は，キャリア発達の段階として，① 成長期，② 探索期，③ 確立期，④ 維持期，⑤ 解放期の5つを提唱している[13]。青年期と重なる15歳から24歳の頃は② 探索期であり，自分なりに考えたり実際に仕事をしたりする中で，その仕事に就くための能力を身につける時期といえる。

近年の日本では就業形態も多様化している。総務省統計局（2019）によれば，役員を除く雇用者5,605万人のうち，正規の職員・従業員は前年に比べ53万人増加（3,485万人）しているが，非正規の職員・従業員も84万人増加した（2,120万人)[14]。このような変化の中で，青年はキャリア発達を進めていくことになる。

2 キャリア教育

「あの子が内定もらえたか，先生知っていますか」この一言には，親しい友だちだからこそお互いの状況を分かち合えない葛藤や，現代青年が就職活動という競争状況に置かれている疲弊が表れている。

就業形態の変化の中で，学校現場における**キャリア教育**が重視されている。国立教育政策研究所生徒指導研究センター（2011）は，「仕事に就くこと」に焦点化し，「人間関係形成・社会形成能力」，「自己理解・自己管理能力」，「課題対応能力」，「キャリアプランニング能力」という4つの基礎的・汎用的能力を育てることを提唱している[15]。さらに，キャリア教育の目標設定の手がかりとして，学校段階に応じて育成すべき基礎的・汎用的能力を整理している（表3-4）。

> **キャリア教育**
> 一人ひとりの社会的・職業的自立に向け，必要な基盤となる能力や態度を育てることをとおして，キャリア発達を促す教育。

表3-4 小学校・中学校・高等学校におけるキャリア発達（国立教育政策研究所生徒指導研究センター（2011），p.91）[15]

小学校	中学校	高等学校
進路の探索・選択にかかる基盤形成の時期	現実的探索と暫定的選択の時期	現実的探索・試行と社会的移行準備の時期
・自己及び他者への積極的関心の形成・発展 ・身のまわりの仕事や環境への関心・意欲の向上 ・夢や希望，憧れる自己イメージの獲得 ・勤労を重んじ目標に向かって努力する態度の形成	・肯定的自己理解と自己有用感の獲得 ・興味・関心等に基づく勤労感，職業観の形成 ・進路計画の立案と暫定的選択 ・生き方や進路に関する現実的探索	・自己理解の深化と自己受容 ・選択基準としての勤労観，職業観の確立 ・将来設計の立案と社会的移行の準備 ・進路の現実吟味と試行的参加

注：特別支援教育においては，個々の障がいの状態に応じたきめ細かい指導・支援のもとでおこなうことが留意されている（同上，p.144）。

先述したように「キャリア」には「職業」を超えた意味があり，キャリア教育の目的は，現在の労働市場に適応する人材を増やすことではない。キャリア教育では，「生きること」，「働くこと」，「学ぶこと」の3つの要素が重なることが重要である（下村，2009）[11]。児美川（2014）は，学校の内部に「学校と外部（社会）との接続」という視点を取り組むことで，「開かれた学校づくり」を実現することにもなると指摘する[16]。青年は社会の中で生きていく存在であると同時に，新しい社会を創り出していく社会の担い手でもある。**シティズンシップ**（citizenship）が注目されている（宮島，2004）ように，青年の社会への責任ある参加に目を向ける必要がある[17]。

> **シティズンシップ**
> 社会のメンバーとして認められ，その実感もあり，諸権利の行使と同時に諸義務を果たしていく時に成立する。

3 人生の先達としての教師

教師は生徒にとって人生の先達であり，キャリア発達のモデルになり得る存在である。そこでは，① 教育観を問い直す，② 一人で問題を抱え込まない，③ 時間の中で青年を理解するという視点が大切になる。

① 教育観を問い直すことは，教育目標やあるべき教師像など，教師の持つ価値観が生徒とのかかわりに及ぼす影響を自覚する上で重要となる。教育は「共育」とも言われるように，教師自身も生徒と共に発達していくのである。② 一人で問題を抱え込まないために，教育の「現場」は学校だけでなく，家庭や地域など広くあることに目を向けて連携していくことも必要になる。③ 時間の中で青年を理解することは，過去にどのような経験をしてきて，たとえば10年後の将来にどのような生活を送っているのか，その見通しの中で「今，ここ」での青年とかかわることである。それは，目の前の青年を**可塑性**を持った発達的な存在として理解することに他ならない。

教師は誰もがかつて青年であった。そして，今度は目の前の青年たちが，学校や家庭，地域など様々な現場における明日の教師へと育っていくのであろう。

可塑性
変化の可能性であり，構造や機能が外部からの刺激や内部の変化に応じて変化する性質を指す。

【引用文献】
1）久世敏雄（2000）．青年期とは　久世敏雄・齋藤耕二（監）福富 護・二宮克美・高木秀明・大野 久・白井利明（編）青年心理学事典　pp.4-5　福村出版
2）Selman, R. L.（2003）．*The promotion of social awareness: Powerful lessons from the partnership of developmental theory and classroom practice.* New York: Russell Sage Foundation.
3）平石賢二（2011）．同性・異性の友人関係　平石賢二（編著）思春期・青年期のこころ——かかわりの中での発達—— 改訂版　pp.75-89　北樹出版
4）Erikson, E. H.（1959）．*Identity and the Life Cycle.* International Universities Press.（エリクソン, E. H.・西平 直・中島由恵（訳）（2011）．アイデンティティとライフサイクル　誠信書房）
5）鑪 幹八郎（2002）．アイデンティティとライフサイクル論　ナカニシヤ出版
6）池田幸恭（2011）．大学生における親に対する感謝と個人志向性・社会志向性との関係　和洋女子大学紀要，**51**，pp.163-178
7）保坂 亨（2010）．いま，思春期を問い直す——グレーゾーンにたつ子どもたち——　東京大学出版会
8）戸田まり（2009）．学校生活の中で育つ——自分と出会う——　無藤 隆・藤﨑眞知代（編）発達心理学　新 保育ライブラリ子どもを知る　pp.77-96　北大路書房
9）内閣府（2019）．平成30年度青少年のインターネット利用環境実態調査（https://www8.cao.go.jp/youth/youth-harm/chousa/h30/net-jittai/pdf-index.html　2019年7月4日閲覧）
10）森口 朗（2011）．ネットいじめとスクールカースト　原 清治・山内乾史（編著）ネットいじめはなぜ「痛い」のか　pp.100-114　ミネルヴァ書房
11）下村英雄（2009）．キャリア教育の心理学——大人は，子どもと若者に何を伝えたいのか——　東海大学出版会

12) 白井利明（2010）．社会に出て行くということ　大野 久（編著）エピソードでつかむ青年心理学　シリーズ生涯発達心理学4　pp. 229-269　ミネルヴァ書房
13) Super, D. E. (1980). A life-span, life-space approach to career development. *Journal of Vocational Behavior*, **16**, pp. 282-298
14) 総務省統計局（2019）．平成30年労働力調査年報（https://www.stat.go.jp/data/roudou/report/2018/index.html　2019年7月4日閲覧）
15) 国立教育政策研究所生徒指導研究センター（2011）．キャリア発達にかかわる諸能力の育成に関する調査研究報告書（http://www.nier.go.jp/shido/centerhp/22career_shiryou/22career_shiryou.htm　2015年11月7日閲覧）
16) 児美川孝一郎（2014）．〈移行〉支援としてのキャリア教育　溝上慎一・松下佳代（編著）　高校・大学から仕事へのトランジション――変容する能力・アイデンティティと教育――　pp. 119-137　ナカニシヤ出版
17) 宮島 喬（2004）．ヨーロッパ市民の誕生――開かれたシティズンシップへ――　岩波書店

▷▷▷　お薦めの参考図書　◁◁◁

① 大野 久（編著）（2010）．エピソードでつかむ青年心理学　シリーズ生涯発達心理学4　ミネルヴァ書房

② 白井利明（編著）（2015）．よくわかる青年心理学　第2版　やわらかアカデミズム・〈わかる〉シリーズ　ミネルヴァ書房

③ 大久保智生・牧 郁子（編著）（2011）．実践をふりかえるための教育心理学――教育心理にまつわる言説を疑う――　ナカニシヤ出版

④ 下村英雄（2009）．キャリア教育の心理学――大人は，子どもと若者に何を伝えたいのか――　東海大学出版会

⑤ 滝口俊子・田中慶江（編著）（1999）．スクールカウンセラーがすすめる112冊の本　創元社

第4章　学習のプロセス

　一般的に学習とは,「過去の経験による比較的永続的な行動の変容」であるといわれている。それは,「あるひとつの場面における行動ないしは行動能力の変化であり,練習ないしは経験の結果もたらされる,永続性なもの」（Schunk, 2004）[1]とみなされ,一時的な感覚的順応や疲労による変化とは区別されている。そこで,本章では,学習についての基礎的な理論を整理した上で,記憶と学習,学習の動機づけやそのための方略,学習指導の形態,個に応じた学習のあり方などについて述べる。

 学習に関する基礎理論

1　行動主義心理学の立場からみた学習

　行動主義による学習の成立過程は,大まかには連合説（S-R説）と認知説（S-S説）の2種類に分類される。

(1) 連 合 説
　連合説は,刺激（S：stimulus）と,反応（R：response）の結びつき（associative）によって学習が成立するという立場である。
　(a) 古典的条件づけ
　ひとは,突然大きな物音がしたならば,びっくりしてその方向を見るだろう。また,熱い鍋のふたに触れた時に,瞬間的に手を引っ込めるだろう。このような外的な刺激（誘発刺激）によって起こる生得的な反応を**無条件反応（UCR）**という。

　パブロフ（Pavlov, I. P.）は,イヌがエサ（**無条件刺激：UCS**）を与えられるときに分泌する唾液（無条件反応：UCR）に注目し,エサと同時に,もともとイヌが特定の反応を示さない中性的な刺激であるメトロノームの音（**条件刺激：CS**）を繰り返し対提示するという実験を行った。その結果,イヌはメトロノームの音だけでも唾液を分泌する（**条件反応：CR**）ようになった。
　一方,ワトソン（Watson, J. B.）は,生後11か月の男児アルバートに対し

無条件反応
（UCR：Un Conditioned Response）

無条件刺激
（UCS：Un Conditioned Stimulus）

条件刺激
（CS：Conditioned Stimulus）

条件反応
（CR：Conditioned Response）

て，白ネズミを用いた恐怖条件づけの実験[2]を行っている。この実験では，アルバートが白ネズミと遊んでいる場面で，衝撃音（条件刺激：CS）も対提示する。それによって，アルバートは白ネズミを見ただけで怖がり避ける（条件反応：CR）ようになった。さらに衝撃音を繰り返す（**強化**）と，白ネズミ以外の，毛のある白い動物を見るとおびえ泣き出す（**般化**）ようになった。一方，白以外の動物にはそのような反応を示さなかった（**弁別**）。このような条件刺激と条件反応の結びつきによる学習を，**古典的条件づけ（レスポンデント条件づけ）**という。

強化 (reinforcement)
般化 (generalization)
弁別 (differentiation)
古典的条件づけ（レスポンデント条件づけ）(respondent condition)

(b) 道具的条件づけ

ソーンダイク（Thorndike, E. L.）は，一定条件でひもを引っ張ると扉が開き脱出できる仕掛けのある木箱（Problem box）の中に，空腹状態にあるネコを入れ，箱の中から見える外側にエサを設置し，ネコの様子を観察した。ネコは，箱の中でいろいろな**試行錯誤**を繰り返し，偶然ひもを引っ張って脱出できたものの，再び箱の中に入れられる。この手続きを数回繰り返すうちに，ネコは箱に入れられると即座にひもを引っ張り脱出できるようになった。このように，有益な報酬（エサ）を獲得するための行動が，試行錯誤から方略パターンの安定へと変化することを，**効果の法則**とよぶ。

試行錯誤 (trial and error)

効果の法則 (law of effect)

また，スキナー（Skinner, B. F.）は，ソーンダイクの問題箱をヒントに，箱の中に設置されたレバー（またはキー）を押すとエサが出る仕組みの実験箱（Skinner box）を考案した。そして，空腹状態にあるネズミを実験箱に入れ，単位時間あたりのレバー押しの頻度を測定するという実験を行った。この実験では，ネズミが自発的にレバー（またはキー）を押す（operant）ことが，エサを獲得するための条件づけとなる。このような，個体の自発的な行動をともなった条件づけを，**オペラント条件づけ**という。

オペラント条件づけ (operant conditioning)

（2）認 知 説

認知とは，「ものを知ることに関するすべての機能」であり，「外界の状況を知ること（知覚），経験したことがらを覚えておくこと（記憶），問題を理解したり解決すること（思考）などが含まれる」という[3]。認知説（S-S理論またはサイン・ゲシュタルト説）は，ある刺激（sign）と目標となる対象（significate）との認知的な結びつきによって学習が成立するという立場である。

認知 (cognition)

(a) 洞察説

ケーラー（Köhler, W.）は，雑多なものが散らかった状態にある小部屋で，空腹状態のチンパンジーが，天井からつるされたバナナを獲得するまでの行動を観察した。当初，チンパンジーは飛び上がったり，考え込んでみたり，

いろいろ試してはみるものの，なかなかバナナに手が届かない。ところが，突然，部屋の中にあった木箱を積み重ね，その上にのって手を伸ばすというようなことを数回繰り返した後，複数の木箱を積み重ね，さらには棒を使ってバナナを手に入れることができた[4]。これは，チンパンジーが，失敗を繰り返しながら，どうすれば目標（バナナ）を獲得することができるのかという見通し（推論）を立てつつ，ひらめいた方法を試した結果である。このような一連の認知過程の変化を**洞察による学習**とよぶ。

洞察による学習
（insight learning）

(b) サイン・ゲシュタルト説

トールマン（Tolman, E. C.）は，ネズミの走路実験において，ネズミを3つのグループに分けてゴールに到達するまでの誤反応や時間を測定した。A群はゴール時にエサを与え，B群はゴールにエサを与えなかった。C群は実験開始から10日間はゴール時にエサを与えず，11日目以降からはエサを与えた。当初はA群の成績が圧倒的に高く，B・C群は低迷していたが，11日目以降，C群の成績は急速によくなり，A群と変わらない成績を示した。これはエサを与えられなかった期間も含めて，ゴールに到達するまでの経路をネズミが学習していたと考えられている。このような**潜在的な学習**によって構成された認知的な構造を**認知地図**とよぶ。

潜在的な学習
（latent learning）

認知地図

2 状況に組み込まれた学習

行動主義心理学や認知心理学では，学習は個人の行動の変容とそれにともなう認知的な枠組みの変容ととらえられている。これは，ピアジェに代表される，個体主義的な学習観に基づいたものである。だが，保育・教育実践の場では，学びは子ども同士，子どもと大人や集団，といった，社会的な関係性や状況に組み込まれた中にもあるのではないだろうか。

レイヴとウィンガー（Lave, & Wenger, 1991）は，学習は社会的実践という状況に埋め込まれたものとして展開されていくものであり，社会的実践への参加を通して，知識・技能を獲得し，個体が参加者としてのアイデンティティを形成している[5]という。ここでいう**実践共同体**とは，さまざまな学習が展開される社会的実践の単位であり，そこでは参加者の間で目的・価値が共有されている。

実践共同体

3 社会的構成主義による学習

ヴィゴツキー（Vygotsky, L. S.）やレオンチェフ（Leontief, W.）に代表され

社会的構成主義
(social construction)

人工物（artifacts）

活動理論（cultural-historical activity theory）

る**社会的構成主義**による学習観では，学習とは，社会や文化的文脈の中で自己と他者が互いに関わり合うことによって認知機能が発達し，文化的実践状況の中から，学びが生成・成立するというものであるという。ここでいう文化とは，ひとの心と切り離すことができない，協働構成（co-construction）的なものを指している。また，文化は，精神発達における本質的な役割を果たすものである。歴史的―文化的文脈の中に埋め込まれた，領域特有の意味的世界の構築過程の中核に文化概念をおき，**人工物**の活用によって，人間固有の心理的諸過程の解明がなされると考えられる。これは，ヴィゴツキーの「文化的発達の一般的発生法則」に由来した概念である。

さらに，ブルーナー（Bruner, J.S.）は，社会的シンボルに媒介された人々の日常の中にこそ精神発達が存在し，日常の活動の中から意味を作り上げる過程における会話構造や表象を分析対象とする，独自の学習理論を提言している。このような社会的構成主義の立場をさらに発展させたのが，コール（Cole, M.）やエンゲストローム（Engeström, Y.）に代表される，**活動理論**による学習である。

4 活動理論による学習

コール（1996）は，個人の目標と知識が，社会の目標と制度に出会い，合流するアリーナ（舞台）における実践活動の分析の重要性を指摘している[6]。それは，実践の場における出来事や人々の相互接触・交渉，人工的に媒介された活動の変容過程そのものを描写し，探究することである。また，エンゲストローム（1993）は，「当該の活動の先行形態の中に潜在している内的矛盾を露呈しているいくつかの行為から，客観的かつ文化―歴史的に社会的な新しい活動の構造（新しい対象，新しい道具などを含む）を生産する[7]」ことが活動の本質であるという。そして，エンゲストローム（2001）は「いくつかの行為群からひとつの新たな活動への拡張を習得することによって，活動を生産する活動こそが学習活動」であるとして，集団による学習活動の構造についてモデル化した（図4-1）[8]。

このような学習活動は，「個々バラバラの，内的矛盾をはらんだ学習行為」を結び合わせながら，「社会的な新しい構造」を生み出す。また，学習行為のレベルは，個人的な行為レベルから集団的な活動システムのレベルへと次元を上げることによって，歴史―文化的な社会的実践や共同体の視点から，歴史的に累積されてきた道具やルール，分業パターンに媒介された活動システムを変革し，新しい活動を生産するものになると考えられる。このような学

第4章 学習のプロセス

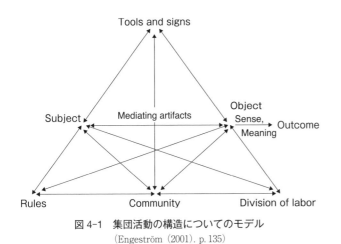

図4-1 集団活動の構造についてのモデル
(Engeström (2001). p.135)

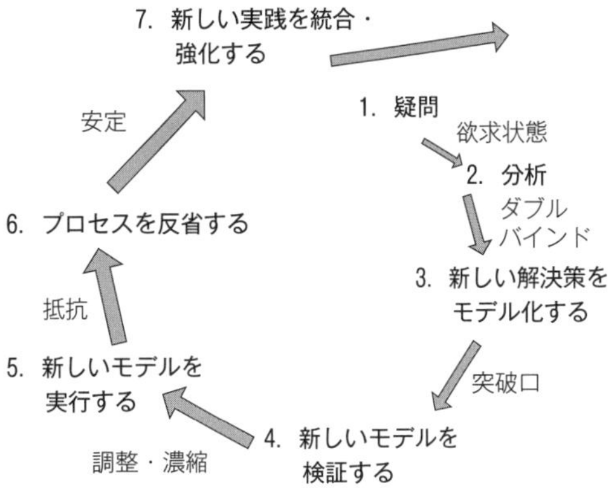

図4-2 拡張的学習サイクルにおける学習行為
(Engeström (2010). をもとに著者作成)

習を，**拡張的学習**とよぶ。拡張的学習サイクルにおける学習行為のモデルを図4-2に示す（Engeström, 2010）[9]。

　活動理論による学びとは，ある学びの主体が活動システムの中で技術や知識の習得を通じて，活動システムへの参加の仕方そのものを変えて行くことである（Greeno, Collins, & Resnick, 1996）[10]。そして，それは必然的に活動システムに参加している参加者間の関係，および活動システムの枠組みをも変えていくことになる。

拡張的学習（learning by expanding）

2　記憶と学習

　認知心理学（cognitive psychology）では，ひとの知覚・記憶・思考・推論を情報処理システムとみなして，そのしくみやはたらきについて明らかにする立場である。とりわけ，記憶は，学習のプロセスを説明する上で，重要な役割を担っている。

1　記憶のプロセス

　記憶とは，広い意味では過去に体験した出来事や，ものごとについての情報を，忘れずに覚えていることであり，記銘（覚える），保持（貯蔵・蓄積）・想起（思い出す）・再生（再現）というプロセスをたどり（図4-3），感覚記憶，短期記憶（作業記憶），長期記憶（手続き的記憶，宣言的記憶）に分類できる（表4-1）。

記憶（memory）

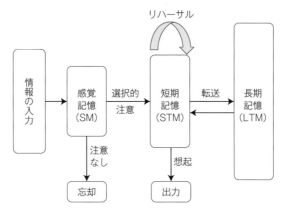

図 4-3　記憶の情報処理モデル概念図

表 4-1　記憶のプロセスによる分類

記憶の分類			概　　要
感覚記憶（sensory memory）			感覚器官で知覚された瞬間的な記憶。とくに注意しなければ自然に忘却される記憶
短期記憶（short-term memory） 作業記憶（working memory）			一次的記憶（James, W., 1890）[11]ともいう。反復や精緻化リハーサルがなければ保持されず忘却される記憶
長期記憶 (long-term memory)	手続き的記憶： 技能についての記憶		言葉では説明しにくい手順や技能，無意図的な習慣など，いわば「体が覚えている（ex：おいしいカレーの作り方）」といわれるような記憶
	宣言的記憶： 事実関係やエピソードについての記憶	意味記憶	過去の事実や事象，言葉や規則，一般的な概念や知識について保持された記憶
		エピソード記憶	個人的な体験や出来事（ex：昨日自分が作ったカレーを友達と一緒に食べたときのエピソード）についての記憶

2　記憶と学習方略

　知識や技能の習得を中心とした学習においては，効率的な覚え方（記憶方略）を用いることによって学習成果が異なる。その代表的なものが，**精緻化**と**体制化**である。精緻化とは，新しい情報を覚えようとするときに，すでに獲得済みの情報や別の情報と関連づけたり，語呂合わせによる反復や意味づけによって新しい情報を覚えやすくすることである。一方，体制化とは，新しい情報を共通するカテゴリーや連想に基づいて，新たに構造化し，それを整理することである。これらの方略をまとめると，表 4-2 のようになる。精緻化と体制化が同時に行われることによって，より相乗的で効果的な学習成果が得られる。

　また，記憶対象が提示された位置や順位によって，リストの最初（初頭性効果）と最後のところ（親近性効果）は，想起率が高くなることを，**系列位置効果**という。さらに，学習時間の配分において，学習単位時間を延長して連

精緻化（elaboration）

体制化（organization）

系列位置効果（serial position effect）

第4章 学習のプロセス

表4-2 記憶方略の分類

精緻化	処理水準	浅い	項目・内容を機械的で単純な反復リハーサルを行う
		深い	項目・内容の形態・音韻・意味などによる情報処理を行う
	自己関連づけ		項目・内容と自分と関連づけを行う
	自己生成		項目・内容をそのまま覚えるのではなく，自分で新しくまとめたり，作り直したりする
	有意味化		項目・内容に対して新たな意味づけを行う
	イメージ化		項目・内容について視覚・聴覚的なイメージを思い浮かべる
体制化			項目・内容を下位カテゴリと上位カテゴリに分類・関連づけ・統合することによって学習内容の体系化を図る

続的に学習する方法（集中法）や，ある学習と次の学習の間に休憩を取り入れる方法（分散法）によって効果的に学習を進めることを**分散効果**という。

分散効果

3 学習の転移

たとえば，英単語のスペルや発音を覚えようとするとき，どのような覚え方をしているだろうか。Aさんはひたすら何回もノートに書きつづる，また，Bさんは語呂合わせやリズミカルに音読する，さらに，Cさんは，書くことと音読することを同時に行う，というように，それぞれが自分に合った方略を用いて覚えようとしているだろう。その結果，テストの成績がよければ，Aさんの方略は「ノートに書きつづる」ことで安定化する。そして，ドイツ語やフランス語の単語を覚えようとする場合であっても，英語の単語を覚えようとした時と同様の方略を用いるようになる。このように，ある学習に用いた方略を他の学習場面においても用いることが安定的に持続することを，学習の転移という。また，転移による結果がよい場合は**正の転移**，悪い場合は**負の転移**という。

正の転移（positive transfer）
負の転移（negative transfer）

4 推論と学習

ジョンソンとウェイソン（Johnson, L. & Wason, 1977）は，大学生を対象に，以下のような例題[12]を示した。

A　D　4　7

これらのカードは，すべて表にはアルファベット，裏には数字が書いてあります。そして，「もしカードの表が母音ならば裏は偶数である」という命題があります。この命題が正しいかどうかを調べようとするとき，どのカードをめくればよいでしょうか。

例題の結果，（A，4）またはAのみと答えた学生が80％程度あったが，これは誤答である。正答は（A，7）であり，この課題の正答率は4％程度であった。論理的に考えると，「A」は母音であるため，その裏が偶数であることを確かめる必要がある。だが，「4」の裏は，母音であっても子音であっても，命題の真偽には影響がない（命題の対偶条件ではない）。このような課題を用いた**問題解決学習**は，論理的な思考力を育むためのひとつの方法である。

問題解決学習（problem solving learning）

 3 学習の動機づけ

1 内発的動機づけと外発的動機づけ

もともと絵を描くことが好きな子どもが，時を忘れて，自分の描く世界に没頭しているときは，それ以外のものやひとは眼中にはなく，周囲に対して注意を払うこともないだろう。そのような子どもの将来の夢は，絵描き（画家）さんだったりする。自分の作品が他の人からほめられたり，売買の対象となったりすると，もっとよく評価されたいがために，さらに夢中になって絵を描こうとするかもしれない。その一方で，元々内面にあった，絵を描くことそのものに対する面白さや楽しさが薄れてしまうこともある。このように，もともと子どもの内面にある興味・関心に基づいた行為を，内発的に動機づけられた行動（**内発的動機づけ**）とよぶ。また，行為そのものではなく，それに対する外的な報酬を目的とした行為を，外発的に動機づけられた行動（**外発的動機づけ**）とよぶ。

内発的動機づけ（intrinsic motivation）
外発的動機づけ（extrinsic motivation）

デシ（Deci, 1972）[13]は，ソマパズル実験において，報酬の有無が動機づけにどのような影響を与えるのかを調べた。その結果，金銭的報酬を与え続けることや，選択的な課題ではなくあらかじめ定められた課題のみを与え続けると，内発的動機づけが低下した。このような現象を**アンダーマイニング効果**といい，また，選択機会の有無が，内発的動機づけに影響を与えることを示した。一方，ムーラとドゥエック（Muller and Dweck, 1998）[14]は，ほめ方の違いが行動にどのような影響を与えるのか調べ，能力をほめると内発的動機づけは低下し，努力をほめると内発的動機づけが向上することを示した。

アンダーマイニング効果（undermining effect）

ほめ言葉などの外的な報酬が示されることによって，子どもの「やる気」は向上するものの，過度なほめ言葉やほめ方によっては，逆効果にもなりうる。それは，内発的動機づけの安定性や持続性が高いわけではないこと（稲

垣, 1980)[15], 過度な刺激や報酬が目的となってしまうと, もともと子どもの内面にあったはずの興味や関心・意欲は薄れてしまう(鹿毛, 1996)ため[16]である。子どもを「ほめて伸ばす」ためには, 子どもと関わる大人が, 子どものありのままの姿を受容し, じっくり観察しながら特性や行動パターンなどを把握し, 留意しながら子どもと関わる必要があるだろう。

2 帰属理論と動機づけ

過去の成功や失敗体験について, どこに原因があるのかという意味づけ(原因帰属)によって, 学習行動は変化するという。ワイナー(Weiner, B., 1979)は, 成功や失敗の原因帰属は, 統制の位置, 安定性, 統制可能性の3つの次元があるとした(表4-3)[17]。

表4-3 ワイナーによる成功・失敗の原因帰属 (Weiner (1979).)

	内的		外的	
	安定	不安定	安定	不安定
統制不可能	能力	気分	課題困難度	運
統制可能	持続的な努力	一次的な努力	保育者・教員の偏向	他者方の支援

たとえば, 自分なりに一生懸命勉強したにもかかわらず, テストの結果が思わしくなかったとする。結果を自分の努力不足(内的で統制可能)ととらえたならば, 次は勉強の仕方(方略)を変えて頑張ろうという気になるだろう。だが, 課題が自分には難しすぎる, 自分の力の及ばないところ(外的で統制不可能)に原因があるととらえたならば,「頑張っても無駄」となり, 無気力になってしまう。このような意欲の低下による学習行動の抑制を, セリグマン(Seligman, 1975)は**学習性無力感**とよんだ[18]。

学習性無力感
(learned helplessness)

3 学習観・学習方略と動機づけ

学習に対する考え方(学習観)や, 学習の仕方(学習方略)には個人差があって当然であるが, これらは学習の動機づけや行動とも無関係ではない。辰野(1997)によると, 学習方略(Learning Strategy)とは,「学習の効果を高めることをめざして意図的に行う心理操作あるいは活動[19]」と定義されている。たとえば, 学習方略を変えることによって, 学習者自身が自分にとって最適な学習方略を見出すこと(市川, 2000)[20]や, 学習意欲が向上すること(市川, 2001)[21]も明らかになってきた。そのようなプロセスをふまえて, 自

分にとって効果的な学習方略を見出し，それがよい結果と結びついたならば「やる気」も増すだろう。また，それまでの受動的で強制的な学習観から脱却し，自らの興味・関心に基づいた能動的な「学び」のスタイルを構築することによって，学習者として自立することができるようになるかもしれない。

学習指導と子どもの支援

1 指導と支援

「教える―学ぶ」関係性において，保育者・教員は「教える（Teach）」立場にあり，子どもの学習や生活的側面を指導することが第一義的な仕事となる。しかし，その一方で，子どもとその背景にある家庭や環境の多種多様化により，本来の職務ではないものも含めて，子ども一人ひとりのニーズに合致した「援助（help）」または「支援（support）」を行う必要もある。

一般的に，指導とは，保育者・教員側に，何らかの指導上の理念や目的と計画・方向性があり，それに沿って子どもを教え導くことである。そのため，園や学校においては，年・学期・月・週・日単位の指導目標と方針および計画がカリキュラムとして設定され，日々の学習活動は，カリキュラムに沿って行われている。一方，援助・支援とは，それを必要とする相手の状況や特性，ニーズをふまえて行うものである。

2 学習指導の方法

（1）発見学習

児童中心主義

デューイ（Dewey, J.）に代表される，**児童中心主義**的な教育観を背景に，ブルーナー（Bruner, 1961）は，子どもの興味・関心に基づく探索的な学習を，発見学習とよんだ[22]。発見学習には，課題の把握，仮説の構成，仮説の精錬，仮説の検証，仮説の一般化といったプロセスがある。発見のプロセスにおける驚きや戸惑い，疑問といった認知的葛藤をもとに，さらに深く探求しようという意欲が芽生え，それらを明らかにするために必要な手続きをふむことによって，知識の体制化が行われ，定着すると考えられている。

発見学習は，教師主導型の授業カリキュラムや構成とは異なり，子どもの自発性や能動性を重視するため，多大な時間と労力を費やしても学習の成果が見えにくいという欠点がある。そこで，発見学習の理念を生かしながら，

生徒間による話し合い活動を取り入れた**仮説実験授業**（板倉, 1974）や[23]，協同学習（第5章参照）などの授業方略が考案され，保育・学校現場では多様な実践が行われている。

仮説実験授業

（2）有意味受容学習

オーズベル（Ausubel, 1977）[24]は，学習方法を機械的な暗記による次元と有意味的な次元，発見的か受容的かといった次元に分類した（図4-4）。オーズベルは，学習において重要なのは，新しい知識と既有知識の関連づけであり，そのためには，**先行オーガナイザー**を提示することが効果的であるとした。このような学習を，有意味受容学習という。

先行オーガナイザー

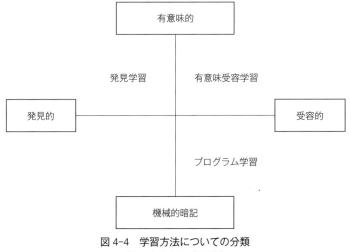

図4-4　学習方法についての分類
（Ausubel, D. P. (1977).）

（3）プログラム学習

スキナー（1954）[25]が，オペラント条件づけをもとに，開発した学習方法である。プログラム学習は，① 問題の提示，② 学習者の反応，③ 反応の正誤フィードバックから構成される。また，表4-4に示す原理に従って，様々な学習場面で活用されている。

表4-4　スキナーによるプログラム学習の原理（Skinner (1954).）

スモールステップ	問題を具体的で単純なレベルに分割し，下位レベルの問題から上位レベルの問題に一歩ずつ進捗し，最終目標に到達する
即時フィードバック	問題を解くとすぐにその正誤を知らせ，誤答の場合は再度挑戦させる
積極的反応	学習者自身による自発的・能動的な反応を強化する
自己ペース	下位レベルから上位レベルへの進捗状況の個人差を配慮する
ヒント後退（フェイディング）	下位レベル習得の最初の段階ではヒントを与え，徐々にヒントを少なくして主体的な学習行動を促す

3　学習指導の形態

（1）全体（一斉）指導方式

　教員がすべての子どもに共通した教材を用いて，同時に同一内容の講義を行う授業方式である。教員主導で効率的に授業を進めることができるが，① 子どもが受身になってしまうこと，② 子ども同士が学級集団で学びあう機会が失われてしまうこと，③ 子どもの個人差や理解度合いを教員が十分に把握できない，という短所もある。

（2）小集団指導方式

　全体指導方式の中にグループ活動を取り入れたもので，代表的なものには塩田芳久の**バズ学習**や，アロンソンらの**ジグソー学習**がある（第5章参照）。これらは，協同で学ぶことによって子ども同士が円滑にコミュニケーションを図り，それぞれの子どもの学習の精緻化，最適化を目指している。また，この方式では，教員が学習課題や目標，活動の手続きを子どもに明確に示す必要があるもある。

<small>バズ学習（buzz session）
ジグソー学習（jigsaw method）</small>

（3）個別指導方式

　教員が一人（または数名）の子どもに対して，子どもの特性や内容理解度に応じて指導を行う方式である。個の特性や目標に応じた内容を進めることができるが，教員の主観や方法による偏りや，役割が固定化し協同性を育む機会を失う可能性もあるため，他の方式と併用することが望ましい。

　最近では，市川（1993）が提唱する**認知カウンセリング**[26]のような個別指導方式の手法をもとにした「教えて考えさせる授業」など，全体指導方式での実践事例も多数ある。

<small>認知カウンセリング（cognitive counseling）</small>

（4）ティーム・ティーチング（Team Teaching：TT）

　専門性，経験，指導スタイル，性別などが異なる複数の教員が分担・協力して同一授業を運営する授業方式である。たとえば，一方の教員が全体指導を担当し（メインティーチャー：MT），もう一方の教員が机間巡視（サブティーチャー：ST）をしながら，ノート記述などの個別指導を行う。教員の指導特性が活用でき，生徒の理解度を把握しやすいが，教員同士が指導の目標を共有し円滑なコミュニケーションを図る必要がある。

4 個に応じた指導・支援のあり方

（1）適性処遇交互作用

適性（学習適性）とは，学習の前提条件となる子どもの知能，性格，意欲，認知や学び方など，子どもの内面にある特性である。また，個々の子どもの適性の違いを個人差という。

一方，処遇とは，個人差に応じて変えることができる教員の指導方法（教え方や学ばせ方）である。クロンバック（Cronbach, L. J., 1957）[27]は，すべてのひとに，等しく最適な教授法はないという前提で，学習者のもつ適性によって，効果的な教授方法が異なる現象としてのATIの概念を提唱した。これは，学習者個々の適性に応じた指導（処遇）を行うことによって，個に応じた指導・支援が可能であるというものである。

一方，北尾（2006）は，ある指導法による学習効果が十分でない場合には，処遇を変えるだけではなく，子どもに欠落している適性を育むという，適性形成的視点も教育上は重要であることを指摘している[28]。

（2）学習の個人差を考慮した授業づくり

子どもには個人差があり，それによって学び方や考え方も異なる。だが，保育者・教員が，子どもの実態や集団の特徴を十分に把握・理解し，それをふまえた授業づくりを工夫すれば，全体指導方式であっても，個に応じた授業づくりは可能であり，そのための努力を惜しむべきではないだろう。

日頃から子どもをよく観察し，体験を共有し，真剣に向きあうことによって，子どもは保育者・教員を信頼できるようになる。個人差を考慮した授業の土壌は学級であり，それを掘り起こし，授業に生かすのが保育者・教員に求められる力量である。

> 適性処遇交互作用
> （ATI ： Aptitude-Treatment Interaction）

【引用文献】

1）Schunk, D. H.（2004）. *Learning theories: An educational perspective, 4th ed.* Upper Saddle River, N. J.: Pearson Education.
2）Watson, J. B. and Rayner, R.（1929）. Conditioned emotional reactions. *Journal of Experimental Psychology*: 1920, **3**, pp. 1-14
3）市川伸一・伊東裕司（編著）（1996）. 認知心理学を知る 第3版 pp. 1-6 ブレーン出版
4）Köhler, W.・宮 孝一（訳）（1962）. 類人猿の知恵実験 岩波書店
5）Lave, J. & Wenger, E.（1991）. *Situated Learning: Legitimate Peripheral Participation.* Cambridge University Press.（佐伯 胖（訳）福島真人（解説）（1993）. 状況に埋め込まれた学習――正統的周辺参加―― 産業図書）
6）Cole, M.（1996）. *Cultural psychology: A once and future discipline.* Cambridge, Mass.: Harvard University Press.（天野 清（訳）（2002）. 文化心理学 発達・認知・活動への文化

――歴史的アプローチ―― 新曜社）

7) Engeström, Y. (1993). Developmental studies of work as a testbench of activity theory: The case of primary care medical practice. In Chaiklin, S. and Lave, J. (Eds.), *Understanding practice: Perspectives on activity and context*. pp. 64-103　New York: Cambridge University Press.

8) Engeström, Y. (2001). Expansive Learning at Work: Toward an Activity Theoretical Reconceptualization. *Journal of Education and Work*, **14**（**1**）, pp. 133-156

9) Engeström, Y.・松下佳代・三輪建二（訳）(2010). 変革を生む研修のデザイン――仕事を教える人への活動理論――　鳳書房

10) Greeno, J. G., Collins, A. M., & Resnick, L. B. (1996). Cognition and learning. In Berliner, D. C. & Calfee, R. C. (Eds.), *Handbook of educational psychology*. pp. 15-46　New York: Macmillan.

11) James, W. (1890). Principles of Psychology. New York, NY; Henry Holt and Company

12) Johnson-Laird, P. N. & Wason, P. C. (1977). A theoretical analysis of insight into a reasoning task. In Johnson-Laird, P. N. & Wason, P. C. (Eds.) *Thinking*, Cambridge University Press.

13) Deci, E. L. (1972). Intrinsic motivation, extrinsic reinforcement, and inequity, *Journal of Personality and Social Psychology*, **22**, pp. 113-120

14) Muller, C. M. and Dweck, C. S. (1998). Praise for Intelligence Can Undermine Children's Motivation and Performance. *Journal of Personality and Social Psychology*, **75**（**1**）, pp. 33-52

15) 稲垣佳世子（1980). 内発的動機づけに及ぼす外的強化の効果　心理学評論, **23**（1）, pp. 121-132

16) 鹿毛雅治 (1996). 内発的動機づけと教育評価　風間書房

17) Weiner, B. (1979). A theory of motivation for some classroom experiences, *Journal of Educational psychology*, **71**, pp. 3-25

18) Seligman, M. E. P. (1975). *Helplessness: On depression, development, and death*. San Francisco Freeman.

19) 辰野千壽（1997). 学習方略の心理学　図書文化

20) 市川伸一（2000). 勉強法が変わる本――心理学からのアドバイス――（岩波ジュニア新書）岩波書店

21) 市川伸一（2001). 学ぶ意欲の心理学　PHP 研究所

22) Bruner, J. S. (1961). *The process of education*. Cambridge, Mass: Harvard University Press. (鈴木祥蔵・佐藤三郎（訳）(1963). 教育の過程　岩波書店）

23) 板倉聖宣（編）(1974). はじめての仮説実験授業　国土社

24) Ausubel, D. P. (1977). The facilitation of Meaningful Verbal Learning in the classroom. *Educational psychologist*, **12**, pp. 162-178

25) Skinner, B. F. (1954). The science of learning and the art of teaching. *Harvard Educational Review*, **24**, pp. 86-97

26) 市川伸一（編）(1993). 学習を支える認知カウンセリング――心理学と教育の新たな接点――　ブレーン出版

27) Cronbach, L. J. (1957). The two disciplines of scientific psychology. *American Psychologist*, **12**, pp. 671-684

28) 北尾倫彦・中島　実・林　龍平・広瀬雄彦・高岡昌子・伊東美加（2006). 精選コンパクト教育心理学――教師になる人のために――　pp. 76-77　北大路書房

第5章 協同学習

1 協同とは

「協同学習」の「きょうどう」の部分には「協働」,「共同」,「協調」などの類似した意味の語があてられることが多い。用語の整理が必要であろう。

関田・安永 (2005) は,「**協同学習**（cooperative learning）とは協力して学び合うことで,学ぶ内容の理解・習得を目指すと共に,協同の意義に気づき,協同の技法を磨き,協同の価値を学ぶ（内化する）ことが意図される教育活動」であり,一定の条件を満たしたグループ学習が協同学習であると定義する[1]。その上で,協同学習の成立要件を課さない,より広義の協同作業が組み込まれた学習活動の総称としては,協調学習（collaborative learning）がふさわしいとする。これに対し,三宅 (2010) は,**協調学習**（collaborative learning）を,「個人の理解やそのプロセスを他人と協調的に比較,吟味,修正する過程を経て一人ひとりが理解を深化させる学習プロセス。（中略）日常的な学習経験はほぼこの形をしている」と定義する[2]。

現在,collaborative learning とその訳語としての「協調学習／**協働学習**」は,一定の定義をするのが困難なほど多義化が進んでいる状況があるが,協同学習も協調学習も,教師による一方的な教え込みから脱却し,他者との学び合いを重視しようとする点で共通する。

以上をまとめると,何らかの学習活動を緩やかな協力関係のもとで一緒に行うというもっとも広義の定義にあたるのが「グループ学習／共同学習」であり,他人との協力的な学習活動が求められるのが「協調学習／協働学習」,さらにそのなかで一定の要件を課すものが「協同学習」ということになるだろう。

中央教育審議会 (2014) は「新しい時代にふさわしい高大接続の実現に向けた高等学校教育,大学教育,大学入学者選抜の一体的改革について（答申）」において,「課題の発見と解決に向けた主体的・協働的な学習・指導方法である**アクティブ・ラーニング**への飛躍的充実を図る」としているが[3],学習形態をグループに変更すれば,主体的・協働的な学びが実現するわけでない。構造化された授業づくりの方法論が必要になる。

協同学習（cooperative learning）
「協同」（cooperative）は「助け合いながら事を行う」という意味であるが,cooperative learning となると独自の意味と歴史を持つ用語となる。

協調学習（collaborative learning）
認知科学・学習科学の分野では,協調学習が使われることが多い。三宅は,協調学習の一つとして「知識構成型ジグソー法」を推進した。

協働学習
協働学習は幅広い意味で使われ,多義化が進んでいる。collaborative learning だけでなく,cooperative learning の訳語として使われる例もある。このような用語の混同はアメリカなど諸外国でも起こっている。

アクティブ・ラーニング
学習者の能動的な学修への参加を取り入れた教授・学習法の総称。発見学習,問題解決学習,グループ・ディスカッション,ディベート,グループ・ワーク等が有効な方法とされる。

重松・霜田・白岩（1971）は，「たとい小集団の学習形態をとっていても，一斉指導のとき以上に各人を孤立させたり，集団に埋没させたりする場合がある。したがって，相互の働きかけ合いそれ自身が問題なのである。形態は一方的な講義であっても，受けている子どもたちみんながそれを主体的に吟味し聞いている場合もあるし，活発な話し合い形式をとっても，同じことのくり返しで内容が深まらない場合もある」と指摘しているが[4]，このような諸問題を引き起こさないようにするために，協同学習はいくつかの成立条件を課すとともに，その条件を満たすための具体的な手だてを数多く用意している。

「**協同学習**」理論を代表する学者として，ジョンソン兄弟やケーガン等がよく挙げられるが，子どもたちが課題を真摯に追究し，学び合う授業づくりは，日本の学校で古くから実践され，研究されてきた。その蓄積が日本の協同学習実践を豊かで実り多いものにしている事実も忘れてはいけない。

> **日本の協同学習**
> 古くは「集団学習」（末吉, 1959）[5]や「バズ学習」（塩田, 1989）[6]等も，全員参加の授業を目指し，学習者の考え方の多様性と相互作用を活用するために小集団による協同的な学習方法を追究していた。

協同学習の要件

1 協同学習の学習観

ジョンソン，ジョンソン&スミス（1991）によると，協同学習の学習観は**社会的構成主義**とよばれる新しいパラダイムにたっている。この学習観では，知識は児童生徒と教師の共同参画によって構築されるものと考える。児童生徒は知識を一方的に注ぎ込まれる容器ではなく，知識の積極的な構築者であり，発見者である（表5-1）[7]。ここでは，自分のためにも，仲間のためにも真剣に学ぼうという協同の精神を共有することが大切になる。学び合いは，馴れ合いの仲間関係では実現しない。むしろ切磋琢磨という言葉に象徴される。

> **社会的構成主義**
> 学習を含めて世の中のすべての事実と意味は社会的に構成されていると考える立場。学習を個人の営みではなく，社会的な営みとして捉える。

表5-1　教授観の新旧パラダイムの比較　(Johnson, D. W., Johnson, R. T., & Smith K. A., (1991). p. 1: 7)[7]

	古いパラダイム	新しいパラダイム
知識	学習者への伝達	学習者と教師の共同参画による構築
児童生徒	教師の知識を注ぎ込まれる容器	自分自身の知識を積極的に構成，発見，変形する者
教員の目的	学習者の分類，序列化	学習者の力量や才能の発展
人間関係	学習者間，教師・学習者間の人間味のない関係	学習者間，教師・学習者間の個性的・人間的な心の交流
教育の状況	競争的または個別的	教室では協同的な学習，教師間では協同的なチーム
教授の前提	知識のエキスパート（専門家）なら，誰でも教えられる	教えることは複雑な営み。よく考えられた訓練を必要とする

2 ジョンソンたちの協同学習の定義

ジョンソン・ジョンソン・ホルベック（2010）は，効果的な協同を産み出す処方箋として，以下の5つの基本要素を組み込むことを求めている[8]。

（1）互恵的な協力関係（肯定的相互依存）

これは「皆はひとりのために，ひとりは皆のために」という言葉に象徴される。協同的なグループの活用は，お互いに利益がある協力関係を構築することから始められる。グループメンバーが互恵的協力関係を理解することで，(a)一人ひとりの努力が必要不可欠であること（ただ乗りはありえないこと），(b)各メンバーには課題遂行への役割や責任があり，自分の情報資源を持つゆえに共同作業に対する独自の貢献が求められること（無為なぶらつきもありえないこと），が明確になる。互恵的な協力関係は，メンバーの相互交渉を促進し，仲間意識を高め，より高い成果を生むもととなる。

（2）個人の責任

グループ全体としての成果が評価される時，グループとしての責任が存在する。グループの成功のために，自分にはきちんとこなす役割があるとメンバーに認識されている時，個人としての責任が明確になる。生徒は，仲間と一緒に学び，それからひとりでも成し遂げられるようになる。つまり，協同グループの目的はメンバー一人ひとりが強い個人として成長することであり，個人の責任こそが個人が成長していく鍵である。

（3）相互作用の促進

協同グループでは，それぞれのメンバーが首尾よく課題を達成できるよう，お互いに顔と顔をつき合わせた支え合いが求められる。グループ目標に到達するために，一人ひとりが仲間の課題達成への取り組みを励ましたり，促したりする時，そこには促進的な相互作用が見られる。お互いの成功へと促し合うことを通して，グループメンバーは教科学習面と個人的側面の両面での支え合いの体制を築いていく。

（4）社会的スキル

協同学習を行うためには，互いに効果的に活動するのに必要なグループ技能と対人的技能を生徒たちに教える必要がある。共通目標の達成を目指して協調していくために，生徒たちは，(a)相手をよく知って，信頼し合い，(b)正

ジョンソンたちの協同学習
活発な相互交流を行う上で様々な集団的技能の活用が奨励され，その活用の仕方を振り返る改善手続きを実施する。このように授業レベルで協同学習を捉え，授業全体を構造化する。

肯定的相互依存
（positive interdependence）
お互いに高め合う相互関係のこと。逆の「否定的相互依存」とは足の引っ張り合いの関係である。

確かつ曖昧でないコミュニケーションを行い，(c)お互いに相手を受け入れ，支え合い，(d)対立を建設的に解決しなければならない。社会的なスキルは，より高い成果をあげることを促すだけでなく，メンバー間のより積極的な関係の構築にも寄与してくれる。

（5）グループの改善手続き

メンバーがいかに効果的に協力し合えるかについてグループとして常に改善を図る必要がある。そのため，グループがいかにうまく機能したかについてのきちんとした振り返りがなされなくてはならない。グループの改善手続きとして以下の5つがある。(a)メンバーの相互作用の質の観察と評価，(b)各グループとメンバーへのフィードバック，(c)グループ活動の改善について各グループの目標設定，(d)クラス全体の改善手続き，(e)グループとクラス全体の学習活動への賞賛。以上のような改善手続きは，メタ認知レベルの思考を促し，メンバーの望ましい行動を強化する。

以上のような5つの基本要素が満たされているグループ学習を，単なるグループ学習と区別して協同学習と呼ぶ。むろん，すべての要素が最初から満たされることはないが，その達成を意識しながら，積極的に取り組んでいるグループ学習も，協同学習と呼ぶことができる。

また，チーム間の競争を用いた学習活動や，インターネットを活用して時間や空間の制約を超えて協調的に学習活動を行う場合でも，上の条件を満たしていれば，協同学習の一形態と見なすことができる。

3 ケーガンの協同学習の定義

ケーガン（1994）は協同学習の基本要素として「活動の同時性（同時相互作用）」，「肯定的相互依存」，「個人の責任」，「参加の平等性」の4つをあげ，これらの基本要素が備わっているグループ活動を協同学習と呼んでいる。「肯定的相互依存」と「個人の責任」は，ジョンソンらの「互恵的協力関係（肯定的相互依存）」と「個人の責任」は，ほぼ同じ内容である。

ケーガンが重視する「活動の同時性」とは，多くのメンバーが同時に学習活動に参加することを指す。たとえば，教室の40名を10グループに分けて4人グループで学習活動をさせるなら，10個の学習プロセスが同時並行で走る。ペアにすれば，20プロセスが同時に走る。短時間あたりの一人の学習参加密度は必然的に高いものになるので，一斉授業の時のように授業中に寝

> **ケーガンの協同学習**
> ケーガンは200以上の協同学習の技法を収集・開発してまとめあげ，ストラクチャーと呼んでいる。ストラクチャーは囲碁における定石や手筋のようなもので授業のなかで使われる一つひとつの小さな技法に焦点化している。

る（学びから逃走する）ことは困難となる。次に「参加の平等性」とは，グループのメンバーが平等に学習活動に参加している状態をさす。ある一人が話し続けることは，定められた時間を独り占めして他のメンバーの学習参加を妨げることになるので望ましくない。「活動の同時性」と「参加の平等性」の観点は，その時々のグループ学習が効果的に機能しているかどうかをチェックするのに役立つものである[9]。

協同学習を取り入れた授業づくり

1 個人思考と集団思考の組み合わせ

協同学習では，ひとつの単元またはひとつの授業過程のすべての時間がグループ活動で終始するとは限らない。むしろ授業設計に協同学習の技法（ケーガンのいうストラクチャー）を選んで適切に組み入れることで授業全体を構造化するイメージで考えた方が，授業づくりは行いやすいだろう。その際，個人思考と集団思考を適切に組み合わせた学習過程を計画することが望まれる。生徒たちが自分自身の考えを持たずに話し合いに参加した場合，前節で述べたように，優れた他のメンバーの意見をただ聞くだけ，グループの答えをただ写すだけという「ただ乗り」状態になりやすいからである。

この個人思考と集団思考の適切な組み合わせは一つだけでない。教師は，学習の目的や学習状況によってさまざまなパターンを採用できる。その代表的な組み合わせパターンを以下に示す。

> 例1：個人思考→集団思考（グループ・ペア）→個人思考（振り返り）
> 例2：個人思考→集団思考（グループ・ペア）→集団思考（クラス全体での対話）
> 例3：集団思考（グループ・ペア）→個人思考（一人でもできるようになる）

協同学習法を適切に用いた授業では，生徒たちは，お互いの意見や考え方の差異に気付き，お互いの考え方が違うからこそ仲間の学びが自分の利益になり，自分の学びが仲間の役に立つことをくり返し体験することになる。

2 ペア学習の活用

ペア学習はもっとも使いやすい基本的な方法である。一斉授業では子どもたちは先生に指名されるまで（自分の番がくるまで）自分の考えを話せないが，

ペアやグループで話し合うなら自分の考えやアイデアを言語化する機会を全員が平等に持てる。意見を引き出したい，知識を確認させたい，音読させたいときなど，どんな場合でもよいので，一斉授業の中にペア学習の時間を取り入れると，クラスのメンバー全員が生き生きと活動する。

「交互発言法」（英語名：Rally-Robin）は，ペア学習の基本である。まずペアをつくる。教室の席の横隣の仲間（ショルダーパートナー）と組むと簡単にペアができる。各ペアは交互に自分の考えやアイデアを相手に話す。一方が話している時，相手は傾聴し，その後，質問やコメントを加える。パートナーと話し合うことで，他者の視点を通して自分の考えが明確になる。

ペア学習はあらゆる学習場面で効果的に活用できるので，教師はいろいろに使ってみるとよいだろう。たとえば，「交互読み」はテキストを交互に読む。ペアの一人が音読している時，パートナーはそれをしっかり聞き，間違いなどに気付いたら指摘する。「交互再話」では，相手の話した内容をパートナーがよく聞いて覚え，復唱する。

「ホップ・ステップ・クラス」（英語名：Think-Pair-Share）は，課題について自分一人で考えてから，ペアになってお互いの考えやアイデアを分かち合う。次に教師がランダムに指名し，指名された者はペアで話しあったこと（自分の考えだけでなくパートナーの発言や話し合いの過程で新たに生まれた考え）をクラス全体に向かって発表する。ジェイコブズら（2005）は，「ホップ・ステップ・クラス」は単独の協同学習技法と考えるより，多岐にわたる技法の出発点と考えるのが一番よいと述べている。たとえば，第1ステップとして「考える」代わりに「書く」を持ってくれば，『鉛筆ホップ・ステップ・クラス』になる。考えることや書くこと以外にも，第1ステップとして絵を描く，観察する，（図書館，インターネット，その他で）調べる，実験をするなど様々に応用できる[10]。

3　グループの活用

ペア学習は，ケーガンが重視する「活動の同時性」を高いレベルで保障するが，二人だけの活動なので意見の多様性は限られるという欠点がある。これに対し，グループでの学習では人数が増えた分，複雑な相互交流のパターンが生まれる。主な学習技法を紹介する。

「輪番発言法」（英語名：Round-Robin）は，グループ内でそれぞれが考えた答えを順番に述べていく方法である。「お互いの学びを気遣う」，「時間を一人占めにしない」，「要点を簡潔に話す」（関田，2004）ことは，グループ討議

第5章 協同学習

における大切な心得の一つである。フリーな議論では限られた人ばかりが発言して，他の人が発言できないことがあるが，順番に話すことで，グループ全員に平等な発言の機会が与えられる。順番に話した後に，その各自の意見をもとにフリーな討論に移るようにするのも良い方法だろう。どんな話し合いをしたかをワークシートに書かせたり，各グループにどんな話し合いをしたかを発表させたりすると，それらの多様な考えやアイデアをクラス全体でも共有できる。

また，与えられた課題について4人程度のグループで討論する「バズセッション」を入れる学習方法はさまざまな場面で広く行われている。たとえば，4人グループが小説の主題について話し合う場面の分析で，6秒に1回の発言が行われ，教室全体の討論とは異なる協同的問題解決方略が使われていたとの報告がある。一斉授業でそれほどの発言があったら授業が成立しない。メンバーが身体を寄せ合い，共通理解をめざして親密かつ真剣に話し合うことで高密度な相互交渉が可能になる[11]。

課題についてグループで討論する時に，進行係（司会）・記録係（書記）のほかにも時計係・点検係のように役割責任を与えたり，話し合いの手順をルール化して明示したりすることは，メンバーの参加意識を高め，話し合いの技能を育てる方策の一つとなる[12]。

「ホップ・ステップ・クラス」や「バズセッション」に見られる「個人思考（まず自分で考える）→集団思考（ペアやグループでの考えを分かち合い，討論する）→集団思考（クラス全体で討論やまとめを行う）」という学習過程は，さまざまな学び合いの授業を設計する上での基本的なパターンとなる。

「**ジグソー法**」（英語名：Jigsaw）は，ホームチーム（オリジナルグループ）のメンバーがそれぞれ分割された学習材について「専門家チーム」で学習してからホームチームに戻って教え合う方法である。以下に基本形を紹介する。
① 最初に「ホームチーム」と呼ばれるグループを作る。教師は学習する教材資料をグループの人数分に分割し，ホームチームの各メンバーはそれぞれ分割された部分を分かち持つ。この部分がジグソーパズルのピースにあたる。
② 各メンバーはホームチームを離れ，同じ部分を分担した者同士が集まって「専門家チーム」を作って学習する。ここで自分たちの分担部分を自分のホームチームのメンバーにうまく教えるための工夫を考えあう。③ 各メンバーは自分のホームチームに戻り，自分の分担部分を教え合い，互いに質問したり話し合ったりすることで，ホームチーム全員が教材資料全体を理解する。④ 全員が全体を学べたかを調べる小テストを受ける。または，すべての情報を必要とする課題をホームチームで遂行する。

ジグソー法
異なるパーツが組み合わされてジグソーパズルが完成するように，分割された教材を学習した後で，それぞれのパートの知識を持ち寄って教え合い，理解を構成する。
ジグソーにはさまざまなバリエーションがある。一般的なジグソー法ではホームチームのなかで元の資料を知っているのは一人だけであるが，「ジグソー2」では学習内容を示したテキストを共有した上で，その各部分を専門家チームで学ぶ。

「学習前・学習後」(Before and After) は，「学習前テスト」の後に，グループでテスト勉強をし，「学習後テスト」を個々に受ける方法である。教師は学習しなければならない重要な点について問う「学習前テスト」を作成して実施する。各グループメンバーは相互に答えを採点しあった後，間違った問題をチェックする。その後，グループで協力してそのテスト範囲の勉強をし，「学習後テスト」を受ける。「学習後テスト」を終了した後，再び相互に答えを採点し合う。グループメンバー全員の学習成績を向上させることがグループの目標になるので，各グループメンバーはグループに対して一定の責任を担って学習することになる。

協同学習の技法は 200 種類以上あるとされるが，それらをペア学習やグループ学習をどう組織化するかという観点で整理してみると基本的なパターンはごく少数に限られる。これらの協同学習の基本コンテンツのパターンを変形させたり，題材を工夫したり，複数の授業コンテンツを組み合わせたりすることで，教師はバラエティに富んだ協同学習コンテンツを生み出すことができる。しかし，たくさんの協同学習コンテンツが存在するからと言って，それらをお好み・日替わりで試してみるような導入方法はお勧めできない。むしろ，毎回の授業にペアやグループでの学習（アイデアの出し合いや意見交換など）の機会を複数回入れるように心がけ，生徒たちに**学習全体の見通し**を持たせた方が，教室の学びは楽しく深いものになるだろう。

学習全体の見通し
杉江（2011）は，単元開始時に生徒に単元全体の学習の見通しをもたせることの大切さを強調し，その学習法を「単元見通し学習」と呼ぶ[13]。

4 これからの協同学習のあり方

これからの学習では，生徒が問題を発見し，それを協働的に解決する過程で学びが深まるような授業設計が求められる。アクティブ・ラーニング（能動的学習）では，認知プロセス（記憶したこと・感じたこと・気づいたこと・疑問に思ったこと・考えたこと・分析したこと等）を何らかの形で外化する（アウトプットする）ことが求められる。しかし，アクティブ・ラーニングにおける外化（アウトプット）ばかりを強調しすぎると，にぎやかに盛り上がっているけど，底が浅く，新しい気づきも，深まりもない学習になりかねないので注意が必要である。良い学びには「深さ」と「間」（沈思黙考）が必要である。つまり，「内化」と「外化」は車の両輪である。

今後の協同学習の授業設計においては，外化と同じか，それ以上に，相互作用（学習の絡み合い・練り合い）の過程と内化（理解を自分のものにすること）の過程を大切にしなければならない。我々は自分の考え・気持ちを聞い

てくれる（または読んでくれる人）がいると思うから話せる（書ける）。互恵的な協力関係（肯定的相互依存）と個人の責任に依拠する協同学習は今後，ますます重要な役割を果たすだろう。

【引用・参考文献】
1) 関田一彦・安永 悟 (2005). 協同学習の定義と関連用語の整理 協同と教育, 1, pp.10-17
2) 三宅なほみ (2010). 協調的な学び 佐伯 胖 (監)「学び」の認知科学事典 pp.459-478 大修館書店
3) 中央教育審議会 (2014). 新しい時代にふさわしい高大接続の実現に向けた高等学校教育，大学教育，大学入学者選抜の一体的改革について——すべての若者が夢や目標を芽吹かせ，未来に花開かせるために——（答申），p.10
4) 重松鷹泰・霜田一敏・白岩善雄 (1971). 授業における集団化研究 pp.197-198 明治図書出版
5) 末吉悌次 (1959). 集団学習の研究 明治図書出版
6) 塩田芳久 (1989). 授業活性化の「バズ学習」入門 明治図書出版
7) Johnson, D. W., Johnson, R. T., & Smith, K. A. (1991). *Active learning: Cooperation in the college classroom*. p.1: 7 Interaction Book Company.（関田一彦（監訳）(2001). 学生参加型の大学授業；協同学習への実践ガイド 玉川大学出版部）
8) ジョンソン, D. W. ジョンソン, R. T. ホルベック, E. J. (2010). 学習の輪——学び合いの協同教育入門—— 改訂新版 石田裕久・梅原巳代子（訳）二瓶社
9) Kagan, S. (1994). *Cooperative Learning*, 2nd ed. pp.4: 5-4: 11, 8: 3, 12: 1 San Juan Capistrano, CA: Resources for Teachers.
10) ジェイコブズ, J.・パワー, M.・イン, L. W. (2005). 先生のためのアイデアブック——協同学習の基本原則とテクニック—— 関田一彦（監訳）日本協同教育学会
11) 水野正朗 (2008). グループ討論を中核とした協同学習による小説の読解過程の分析——二重討論四段階思考の協同学習の提案—— 名古屋大学大学院教育発達科学研究科紀要（教育科学），55(1), pp.49-64
12) 関田一彦 (2004). 協同学習をどう進めるか 杉江修治・関田一彦・安永 悟・三宅ほなみ（編著）大学授業を活性化する方法 玉川大学出版部, pp.57-76
13) 杉江修治 (2011). 協同学習入門——基本の理解と51の工夫—— ナカニシヤ出版

▷▷▷ お薦めの参考図書 ◁◁◁

① ジェイコブズ, J.・パワー, M.・イン, L. W. (2005). 先生のためのアイデアブック——協同学習の基本原則とテクニック—— 関田一彦（監訳）伏野久美子・木村春美（訳）日本協同教育学会

② バークレイ, E. F.・クロス, K. P. & メジャー, C. H. (2009). 協同学習の技法——大学教育の改善手引き—— 安永 悟（監訳）ナカニシヤ出版

③ 杉江修治 (2011). 協同学習入門——基本の理解と51の工夫—— ナカニシヤ出版

④ 和井田節子・柴田好章（編）(2012). 協同の学びをつくる——幼児教育から大学まで—— 三恵社

⑤ 松下佳代（編著）(2015). ディープ・アクティブラーニング——大学授業を深化させるために—— 勁草書房

第6章 人格の形成

教育基本法の第1条の教育の目的では,「教育は, 人格の完成をめざし, 平和的な国家及び社会の形成者として, 真理と正義を愛し, 個人の価値をたつとび, 勤労と責任を重んじ, 自主的精神に充ちた心身ともに健康な国民の育成を期して行われなければならない」と, 人格の完成が謳われている。

「人格の完成」は, 個人の価値と尊厳との認識に基づき, 人間の具えるあらゆる能力を, できる限り, しかも調和的に発展せしめること(「教育基本法制定の要旨」昭和22年文部省訓令)。真, 善, 美の価値に関する科学的能力, 道徳的能力, 芸術的能力などの発展完成。人間の諸特性, 諸能力をただ自然のままに伸ばすことではなく, 普遍的な規準によって, そのあるべき姿にまでもちきたすことでなければならない。

> **自我**
> 意識できる自分のことであり, 外界と無意識と超自我の調整役であり, パーソナリティの理性的な部分である。

守屋(2010)は, 人格(personality)は,「能力」と「**自我**」から成ることを主張する。能力発達と自我発達が合わさって人格の発達というものが促進されると考えた。そして「人間は独自の進化の過程を辿ってきた。従来は二足歩行や道具の使用, 言葉の使用などの能力がそれを可能にしてきたのだと説明されてきた。私は, その前に自我の目覚めがあったのではないかと考えている。人間は自我に目覚めたことにより, 他の動物とは比較にならないほどの高い能力を持つに至ったのではないか。人間を人間たらしめているのは, 能力ではなく自我である」と指摘している。教育心理学では, とかく人格(パーソナリティ)の中でも, 能力の測定に目を奪われがちである。しかしながら, 自我についても真摯に向き合う必要があることをここで強調しておく。

1 人格とは何か

> **オルポート**
> (Allport, G. W. 1897-1967)
> アメリカの心理学者で, 1924年に世界で初めてパーソナリティ心理学に関する講義を行った。パーソナリティの研究に多くの人の関心を向けさせた。

その人格(パーソナリティ)とは何か。「パーソナリティ」の語源はラテン語の「ペルソナ(persona)」であり, もともと劇で使用されていた仮面のことをさす。現在, もっとも広く用いられているパーソナリティの定義は, **オルポート**(Allport, 1937)によるものである。彼は,「パーソナリティとは, 個人の中にあって, その人の特徴的な行動と考え方を決定する精神身体的システムとしての力動的体制である」と定義し,「人が真にどんな人間である

図6-1　性格の４つの層（宮城音弥（1998）．p.9をもとに著者作成）

か」をパーソナリティと考えた。なお，personalityと類似した語にcharacterがある。Personalityを「人格」，characterを「性格」と訳し分けることもできるが，心理学では「人格」という用語も「性格」という用語も同様に，倫理的，価値的な意味を含めずに用いることが多い。

宮城（1998）はパーソナリティ（character or personality）を図6-1に示す４つの層をなすものとして捉え，内側の部分ほど生得的で変化しにくく，外側の部分ほど後天的で，環境に影響されやすいと考えた。

人格の基礎理論（類型論・特性論）

1　性格心理学の類型論

その人を特徴づける持続的で一貫性のある行動・感情・認知・人間関係のパターンでいくつかのタイプ（性格類型）に分類した仮説が「類型論（タイプ論）」である。

「十人十色」ということばがあるが，これは，「人の好むところ，思うところ，なりふりなどが，一人ひとり違うこと」の意味である。また，「千差万別」ということばもある。これは，「種々様々に変わっていること」を指している。このことをパーソナリティという点から考えてみても，全くその通りとしか言いようがない。百人の人間がいたら，百種類のパーソナリティがそこにはあると考えなければならない。しかし，教育心理学は学習に関しての人間理解を目的とする学問である以上，多種多様なパーソナリティを分類・整理し，理解に努めなければならない。そこで登場するのが，「類型論」という考え方である。

（1）クレッチマー（Kretschmer, Ernst）の類型論

クレッチマーはドイツの精神医学者であるが，彼は勤務していた病院において，精神病と体型との関係に着目し研究を進めた。その結果，体型を正常人の気質に当てはめることにより生まれたのが「体型説」である。図6-2はクレッチマーの類型を示している。彼は体型を〈細長型〉〈肥満型〉〈筋骨型〉に分類し，統合失調症は〈細長型〉に，躁うつ病は〈肥満型〉に，てんかんは〈筋骨型〉に多いことを発見した。さらに彼は，健常者の気質と体型との関係に着目し，それらを〈分裂気質〉〈躁うつ気質〉〈粘着気質〉と名付けた。

（2）シェルドン（Sheldon, W. H.）の類型論

シェルドンは，身体各部の測定から体格を〈内胚葉型〉〈外胚葉型〉〈中胚葉型〉の3つに分類した。クレッチマーの分類に重ね合わせることができ，〈内胚葉型〉は〈肥満型〉に，〈外胚葉型〉は〈細長型〉に，〈中胚葉型〉は〈筋骨型〉に該当するものと考えられる。シェルドンは〈内胚葉型〉は社交的で，会食好き，反応が鈍い，困ったときに人を求めるといった特徴があることを見出した。〈外胚葉型〉は非社交的で，人間嫌い，心配性，困ったときに孤独を求める傾向にある。〈中胚葉型〉は，精力的で，冒険好き，支配的，困ったときには活動を求める特徴があることを主張した。

欄外注

クレッチマー（Kretschmer, E. 1888-1964）
ドイツの精神医学者で，臨床経験をもとに，体格と性格の間に一定の関係性があることを見出した。

気質
パーソナリティを構成する4つの層のうち，もっとも内部・内側にあり，生得的で変化しにくい部分である。

シェルドン
アメリカの心理学者。コロンビア大学体質研究所所長。体型と気質に関する類型学的研究で著名である。主著『気質の種々相』The Varieties of Temperament（1942），『非行少年』The Varieties of Deliquent Youth（1949）など。

体格型	気質型	気質の特徴
細長型	分裂気質	① 非社交的，静かで内気，きまじめでユーモアがない，変わりもの。 ② 臆病，はにかみや，敏感で神経質，傷つきやすく興奮しやすい，自然や書物を友とする。 ③ 従順，お人よし，温和，無関心，鈍感，愚鈍。
肥満型	躁うつ気質	① 社交的，善良，親切，温かみがある。 ② 明朗，活発，ユーモアがある。激しく怒ったりしやすい。 ③ 寡黙，平静，柔和，気が重い。
筋骨型	粘着気質	① 融通がきかないかたい感じで，非常にがんこである。 ② 物事に熱中し，一度はじめたことを粘り強くやりぬく。徹底的である。 ③ 興奮すると夢中になり，自分が押さえられなくなり，怒りやすい。 ④ 正義感が強く，不正直なことや曲がったことに対してはきびしい。義理がたい。 ⑤ 几帳面で秩序を尊重し，対人関係では，丁寧すぎるぐらい丁寧。とかくものごとを堅苦しく考え，手際がわるい。

図6-2 クレッチマーの3つの類型と体型（Kretschmer（1955），pp.19-57をもとに著者作成）

（3）ユング（Jung, C. G.）の類型論

ユングは，〈外向型〉〈内向型〉の２つのパーソナリティ類型を考えた。〈外向型〉は，外界に関心をもち，社交的で考えるより行動することを好み，陽気であまり劣等感をもたない。情緒的表出は活発で決断が早く，統率力があり，何にでも積極的である。〈内向型〉は自分自身にだけ関心を集中させ，外界に対しては無関心であり，何事に対しても控えめで思慮深い。また，行動する前に迷ってしまうので，行動が遅くなるという傾向が認められると考えた。

（4）シュプランガー（Spranger, E.）の類型論

シュプランガーは，生活様式による６つの類型（理論型，経済型，審美型，権力型，宗教型，社会型）を考えた。シュプランガーが考えた類型は，表6-1の通りである。

表6-1　シュプランガーの類型

理論型	物事を客観的に扱い，真理を追求する人
経済型	お金や財産本位の人で，物事を経済的・功利的な視点からみる人
審美型	芸術的な美に，最高の価値をおく人
権力型	他人を支配しがちで，権力を求める政治的な人
宗教型	神への奉仕に価値をおき，宗教的信仰に生きる人
社会型	愛他的に行動し，福祉的活動に生きがいを感じる人

2　特性論

特性論は，パーソナリティを構成する要素を数量的に把握し，個人のパーソナリティを理解，表現しようとするものである。人間のパーソナリティについて，「彼はまじめで律儀者であるが，少々堅苦しい」といった場合，〈まじめ〉〈律儀〉〈堅苦しい〉を特性（パーソナリティ特性）とよぶ。この特性は，ある人間の実際に観察される行動様式の特徴であって，社会の平均と比べて判断していることになる。それでは，このパーソナリティ特性はどれくらい存在するのであろうか。このことについて，オルポート（Allport, G. W., 1937）は，辞書に掲載されている性格表現の用語として約18,000語を抽出したうえで，これを整理・分類し，約4,500語を主要な用語としてまとめている。特性論は，近年の因子分析という心理学の手法によって急速に発展した。この因子分析は，関係の強い特性，関係の弱い特性を問題とするが，前述の18,000語の中でも類似性の高いことばや類似性の低いことばを分析するこ

ユング（Jung, C. G. 1875-1961）
スイスの精神分析学者で，人間の無意識を強調する理論を考え，外向性一内向性という性格の分け方を最初に体系化した。

シュプランガー
ドイツの哲学者，教育学者。ベルリン大学で，ディルタイから生の哲学を，F. パウルゼンから文化哲学を学んだ。主著『生の諸形式』（1914）では，人間の精神作用を認識作用，審美的作用，経済的作用，宗教的作用，支配作用，共感作用の６つで説明。それぞれの精神作用は精神全体の作用のもとにはたらくのであるが，その全体的連関の中でどの精神作用が支配的にはたらくかによって，それぞれ独自に価値の追求がなされ，人間の個性が形成されていくとした。そして，そうした個性の理想的類型の基本的なものとして，理論的人間，経済的人間，審美的人間，権力的人間，宗教的人間，社会的人間の６つがあると説いた。

とにより，パーソナリティ特性の数はかなり限られたものになってくる。

（1）オルポートの特性論

オルポートは，多くの人が共通に持っているパーソナリティの特徴を共通特性，その個人に特徴的にあるパーソナリティ特徴を個別特性とよんだ。この共通特性という考えから生まれたものが，「心誌」である。「心誌」とは，その個人がもつ実際の共通特性の量を記入し，作成したグラフのことである。またオルポートはこうも述べる。「われわれは，20世紀において自我心理学が徐々に栄えるであろうと予言しても差し支えないであろう。何故ならば，ただその助けによってのみ，心理学者達は，彼らが研究する人間性と，彼らが貢献するであろう人間性とを，調和一致させることができるからである。(1943, p. 476)」

また，ポルトマン（Portman, A., 1951）が指摘しているように，人間の誕生時の状態は，特異で未熟な状態にある。その一方で，たとえばバウアー（Bower, T. G. R., 1977）が報告しているように，人間は誕生時に驚くべき学習能力や，知覚能力，運動能力，社会的能力を身に付けている。では，なぜ人間の場合には，世代が重なり合う生存様式を通して，遺伝子の継承だけでなく，文化を育み，継承・発展させていくことができるようになったのであろうか。その答えが，人格であり，能力であり，自我なのである。

（2）キャッテル（Cattell, R.）の特性論

キャッテルは，パーソナリティ特性を外部から直接観察できる特性（表面特性）と，その背後にある特性（源泉特性）とに分けた。たとえば，明朗，社交的などは外部から観察可能な表面特性である。その源泉（根源ともよばれる）には「感情性」という源泉特性があると考える。彼は，オルポートの抽出した約18,000語の表面特性から，前述した因子分析という統計手法で171語の表面特性を抽出することに成功した。さらに，これらの分析から16対（32個）の源泉特性を考え，作成されたのがキャッテルの「16パーソナリティ因子質問紙表」である（表6-2）。

（3）アイゼンク（Eysenck, H. J.）の特性論

アイゼンクは，キャッテルの方法で抽出されたパーソナリティの源泉特性の中に意味の不明瞭なものが多く含まれていることを指摘し，先に基準となる因子を決めた上で，表面特性をまとめるという独自の因子分析を用い，パーソナリティ特性をまとめようとした。彼は，さまざまな状況に応じて起こ

ポルトマン

スイスの生物学者で思想家。生涯のほとんどを生地バーゼルで過ごし，1931年より長く母校バーゼル大学の教授。動物界の広い範囲にわたる比較形態学，発生学，行動学の分野で独自的かつ先駆的な研究をした。その成果をもとに人間学の生物学的基礎づけに進み，著作『人間はどこまで動物か Biologische Fragmente zu einer Lehre vom Menschen（1944）』で教育学などに大きな影響を与えた。

キャッテル

イギリス生まれの心理学者。知能を，結晶性知能と流動性知能に分けた。文化や言語の違いによる影響を減らした文化自由知能テストを考案した。また，因子分析法を用いて人格の研究も行った。キャッテルの主な発見は，因子分析法の使用による結晶性知能と流動性知能の発見である。

アイゼンク

ドイツの心理学者。不適切な学習によって神経症が引き起こされると考えた。それを，行動療法によって治療しようと試みた。パーソナリティ研究の分野で活躍した。1975年にアイゼンク性格検査を考案した。精神分析の実証性について痛烈な批判を行ったことでも知られる。

表 6-2　キャッテルの 16 根源特性とその表面特性

	源泉特性	表面特性
1	感情性—分離性	朗らか，社交的
2	高い知能—低い知能	聡明，思慮深い，教養のある
3	高い自我強度—低い自我強度	感情的に平静，着実，現実的
4	支配性—服従性	活気がある，自信のある，自己主張的
5	高潮性—退潮性	エネルギッシュ，陽気，ユーモラス
6	高い超自我—低い超自我	責任感がある，良心的，勤勉
7	冒険性—臆病性	冒険的，前進的，敵意のない
8	繊細性—堅牢性	気難しい，直感的，敏感な
9	懐疑性—信頼性	疑い深い，やきもち焼き
10	浪漫性—現実性	風変わりな，美的により好みをする
11	巧妙性—率直性	世才にたけている，うまく動く
12	罪悪性—明朗性	気づかいする，おだやかでない
13	急進性—保守性	何にでもトライする，改革的
14	自己充足性—集団依存性	依存的な弱さがない，一人でも平気
15	高い自己統合性—低い自己統合性	行き当たりばったりでない，よく統制されている
16	エルグ緊張—エルグ弛緩	リラックスしていない，緊張している

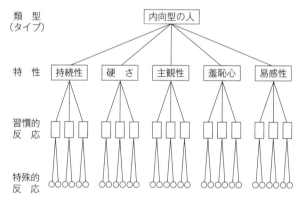

図 6-3　内向型の階層構造（アイゼンクによる）（藤田主一・楠本恭久（2008），p.99 をもとに著者作成）

る特殊的反応，それらがまとまって起こる習慣的反応，習慣的反応がまとまった特性，という階層構造を考えた（図 6-3）。さらに，これらの特性が互いに高い相関を持って集まると類型をなすという結論に至った。アイゼンクは，パーソナリティの基本的な次元として，〈外向—内向〉〈神経症的傾向〉〈精神病的傾向〉の3つの次元を設定したが，この各々が類型（タイプ）と考えられる。図 6-3 は内向型の例である。アイゼンクの考え方は，特性論の立場であるが，ただ単なる特性論ではなく，特性の上位概念として類型を与えていることから，類型論と特性論の統合理論ともいえよう。

3　仲間集団と人格の発達

わが国の出生率の低下傾向は止まらず、少子化の進む現代の子どもにとって、保育所・幼稚園や小・中学校で出会う仲間との交流は、人間関係や社会性の発達をとげていくうえで大きな役割をもっている。

対人関係のうち、年齢が近く興味・関心をともにする者との関係を仲間関係（peer relationship）とよぶ。また、仲間関係の中でも、とくに特定の人物との、好感をもち互いを心理的に支え合う親密な関係を、友人関係（friendship）とよぶ。

子どもの仲間関係・友人関係は、保護者や教師などの大人との関係や、きょうだいとの関係とは異なり、心理的・身体的にほぼ同じ発達レベルに有る者同士の関係である。そこでは、大人やきょうだいとの関係でみられる教え導かれるという上下関係は希薄であり、対等の関係を結ぶことができる。その一方で、力量がほとんど同じことから、互いの**欲求（要求）**の直接的なぶつかり合いやいざこざ、さまざまな心理的葛藤もまた頻繁に生じることになる。

発達の時期ごとに仲間関係の意義をみてみよう。幼児期・児童期においては、仲間がいることで交流や遊びの楽しさを味わえ、お互いに支え合い情緒的な安定が得られる。また仲間との葛藤やいざこざ、喧嘩を通して、自分の欲求を適切に表出するためのさまざまな社会的スキルを獲得したり、互いの欲求を調節するための社会的ルールを身につけたりすることができる。さらに、仲間とのさまざまな共同・協働の活動を通して、協力や認知的な発達を促し合うことができる。**青年期**には保護者から自立しなければならないが、それだけに不安も大きい。価値観の共通する友人は、不安を支え情緒的な安定を与え合うと共に、ときにはライバルとして互いに高め合う存在ともなる。大人でも、仲間関係や人間関係は重要である。情緒的に健全な人との密接で信頼のおける友人関係を持つ人は、人生の危機に直面した際の抑うつ、疾病、自殺、死亡が少ないことが報告されている（Miller & Ingham, 1976）。成人期や老人期においても、友人関係は、さまざまな人生の転機における社会的・心理的サポートの機能を果たしてくれるのである。こうして、生涯において自立と自律を重ねながら、人は人格を発達させてゆくのである。

欲求（要求）
漠然と「〜がしたい」という気持ち。水分がほしいというのは欲求だが、ジュースが飲みたいというのは、目標が特定されるため動機（動因）とよばれる。欲求には、「基本的欲求」と「社会的欲求」がある。基本的欲求は生まれながらにしてもっている欲求で、社会的欲求は生後の学習によって獲得される欲求である。基本的欲求には渇きの欲求、飢えの欲求、睡眠の欲求などのように個体の維持に不可欠な下位欲求があり、これらは「生理的欲求」とよばれる。

青年期
12歳頃から20歳代前半までの時期。中学生、高校生、大学生の時代に相当する。身体的、生理的には大人であるが、心理的・社会的にはまだ一人前とは認められない。両側面のアンバランスさによる不安定な状態がその主な特徴である。

【引用文献】
1) Allport, G. W. (1937). *Personality: A psychological interpretation.* Holt, Rinehart and Winston.

2) 宮城音弥 (1998). 性格研究の方法論　詫摩武俊 (編)　性格　pp.1-14　日本評論社
3) 宮城音弥 (1960). 性格　pp.9-69　岩波新書　岩波書店
4) Allport, G. W. (1943). The ego in contemporary psychology. *Psychological Review*, **50**, pp.451-478
5) 守屋國光 (2010). 自我発達論——共生社会と創造的発達——　風間書房
6) Portman, A. (1951). *Biologische Fragmente zu einer Lehre vom Menschen*. Basel: Verlag Benno Schwabe & Co. (高木正孝 (訳) (1961). 人間はどこまで動物か——新しい人間像のために——　岩波新書　岩波書店
7) Bower, T. G. R. (1977). *A primer of infant development*. San Francisco: Prentice-Hall.
8) Miller, P. M., & Ingham, J. G. (1976). Friends, confidants, and symptoms. *Social Psychiatry*, **11**, pp.51-58
9) Kretschmer, Ernst (1955). *Körperbau und charakter*. Berlin: Göttingen heidelberg.
10) 相場　均 (1960). 体格と性格　文光堂
11) 藤田主一・楠本恭久 (2008). 教職をめざす人のための教育心理学　福村出版

▷▷▷ お薦めの参考図書 ◁◁◁

① 詫摩武俊・鈴木乙史・瀧本孝雄・松井　豊 (2003). 性格心理学への招待——自分を知り他者を理解するために——　改訂版　新心理学ライブラリ　サイエンス社

② デュセイ, J. M. (2000). エゴグラム——ひと目でわかる性格の自己診断——　創元社

③ オルポート, G. W. (1968). 人格心理学　誠信書房

④ 桜井茂男 (1998). 子どものストレス——たくましい子に育てるストレス対処法——　NEW心理学ブックス　大日本図書

⑤ 藤永　保 (1991). 思想と人格——人格心理学への途——　筑摩書房

第7章　適応支援と心理アセスメント

　適応のしくみ

適応　　　　一般に「**適応**」とは，まわりの人的環境や物的環境との間に調和した関係を維持しながらも，自分の心理的安定が保たれている状態をいう。図7-1（前田，1994）では，健康的なはけ口を見つけたり合理的な行動で解決を図っていく場合には，適応状態になるように示されている。

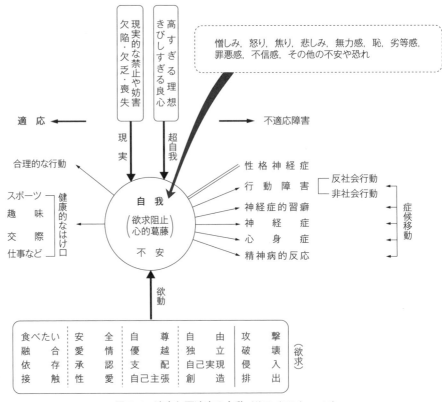

図7-1　適応と不適応の力動 （前田（1994），p.19）

外的適応　　「適応」は「**外的適応**」と「**内的適応**」に分けて捉えられる場合もある。
内的適応　　「外的適応」とは，まわりの環境に合わせて行動をしている状態のことで，「内的適応」とは個人の内面にある欲求の充足を求めて行動している状態のことである。周りの外的な期待や要求に応えようとしすぎて，自分の内的な欲求を無理に抑圧しすぎている状態のように，過剰に外的適応しようとして

内的適応が不十分であるような不均衡状態を「**過剰適応**」という。反対に自分のやりたいことを優先しすぎると周囲との関係がうまくいかなくなることがある。望ましい適応には外的適応と内的適応のバランスがとれていることが必要である。

過剰適応

　適応できない状態が続くと，不安を感じて精神的に不安定な状況に陥る。そのような状態が「**不適応**」である。「不適応」とはまわりの環境との間に調和した関係を維持できないために，精神的に不安定な状態のことをいう。子どもの不適応行動は子どもの側の要因と環境の側の要因によって生じる（図7-2）。子どもの不適応行動といわれる問題行動には，主に不登校や登校拒否，いじめ，校内暴力などがある。

不適応

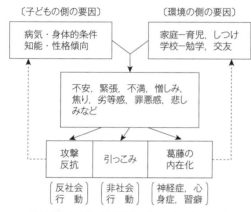

図7-2　子どもの不適応（前田（1994），p.68）

　不適応状態の場合，欲求不満状態や葛藤状態による緊張や不安をやわらげるために，一時的な方法で自我を適応させて心理的な安定を保とうとする「**適応機制**」が起こることがある。適応機制には，防衛機制・逃避機制・攻撃機制などがある。心理学ではとくに，自我を防衛しようとする無意識的な機制のことを「**防衛機制**」といい，その種類は表7-1に示す通り多様である。「逃避機制」には，中止や諦めなどの退避や，辛い現実をなかったこととして捉える否認や白昼夢などによる空想世界への逃避，また自我を傷つけるような辛い体験を記憶から切り離す隔離などがある。「攻撃機制」には，他人や物を傷つけて，欲求不満を解消しようとする八つ当たりやいじめなど，代償的満足があり，時には攻撃が自分に向けられて自己攻撃が起こり，自殺に至る場合もある。

適応機制（防衛機制）
　欲求不満や葛藤，不安に直面したときに，心理的な平衡状態を維持，回復するために無意識のうちにとるさまざまな心理的な手段。

　「悩む」という状態は，問題をどのように解決すれば良いのかを模索している状態で，上述したような適応機制ではない。本来，悩んで合理的に方法を工夫して事態を乗り越えることや，特訓したり努力して根本的に克服する「合**理的機制**」によって，適応した状態を保っていきたいものである。その

表 7-1 主な防衛機制の例 (Freud, A. (1936). と前田 (1994). と内野 (2005). をもとに著者改変)

抑圧	意識すると耐えられないような感情や欲求を心の奥深くに押し込めて抑圧する
反動形成	容認されない衝動の意識化を防ぐために，反対方向の態度を過度にとる
退行	不安から自らを守るために，未発達な段階や逆戻りする（赤ちゃん返り etc.）
隔離	受け入れがたい感情や衝動と，思考や行為を切り離す
打ち消し	過去の罪悪感や恥の感情を，反対の言動によって打ち消そうとする
投影	自分のなかにある不快な感情を他者が持っていると思う
取り入れ	投影の逆で，他人の感情や価値観などを取り入れて自分のもののように感じる
自己への向き換え	特定の対象に対する強い衝動を自分自身に対して向き換える
逆転	特定の対象に対する感情を正反対の感情に変化させる
昇華	容認されない衝動を社会的に価値のある行動に変化させる
合理化	自分が納得できる考えで自分の行動は正しいと正当化する
置き換え	受け入れがたい感情や欲求をより受け入れやすい対象に置き換えて満足する
補償	自分の不得意な面をほかの面で補おうとする
同一視	他人の権威に自分を近づけることによって自分を高めようとする
知性化	感情を難解な専門用語で語るなどして観念化し，情緒から切り離す

注：フロイトの娘アンナ・フロイトが，フロイトの防衛機制の種類に「昇華」を加えた 10 種類を提唱した。その後，多くの研究者により防衛機制の種類はさらに多様なものとなった。

ためには周囲の保育者・教育者・養育者などからの正しい子ども理解と見守り，そして必要に応じた適切で温かい指導や支援が必要になるであろう。

心理アセスメント

心理アセスメント
「アセスメント」の訳語は用いられる領域によって異なり，「診断」，「査定」，「評価」，「見立て」，「所見」などさまざまであるが，心理学ではとくに訳さずに「心理アセスメント」という言い方が使われている。

子ども理解を深める方法には，**心理アセスメント**がある。心理アセスメントとは，心理アセスメントの専門的知識と専門的技術をもつ者が，個人の性格や知能，適性などを捉えようとする方法のことで，観察法・面接法・心理検査法・調査法などがある。心理アセスメントは，子どもの不適応状態の原因や問題点を知る手がかりとなり，子どもを心理的に援助していくために必要な情報を得ることができ，それぞれの問題を解決するための方法を考えていくために役立つものである。しかし，単独の心理アセスメントだけでは不十分であるので，複数の心理アセスメントを用いて，総合的かつ多角的に個人を理解しようとすることが必要になる。たとえば，観察法と面接法に複数の心理検査法なども組み合わせて，それらの結果から総合的かつ多角的に理解しようとすることが望ましい。

1 観察法

観察法は，人間の行動を自然な状況や実験的な状況のもとで観察し，その

データを分析して，行動の特徴や法則を解明する研究方法であり，教育現場ではもっとも頻繁に用いられる方法である。観察法には，人間の行動をあるがままに観察する自然観察法や行動観察法，ある一定の条件を設定して観察を行う実験観察法がある。

2 面接法

面接法は，ある人に関する情報を得るために，当人あるいは関係者に面談する方法である。面接法には，自由面接や相談室で時間などを決めて行う面接などがある。また面接室ではなく，廊下や働いているところで話し合うなどの生活場面面接なども実践の場で使用されている。面接法では，質問が自由に設定できるため必要な情報を的確に得ることができる。

投影
適応機制の一つで，自分の中に生じた受け入れがたい感情や欲求を自分から切り離して，他の人の中にあるものだと位置づけること。

3 心理検査法

心理検査は，検査の信頼性と妥当性を確保するために標準化された検査のことで，厳密に定められた実施法と結果の処理法を厳守できる専門家によって行われるべきものである。各心理検査はそれぞれ一部の側面しか捉えられないので，目的に応じて必要な検査を組み合わせて複数の心理検査を行い，それらの結果から総合的に捉えようとすることが望ましい。

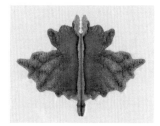

（質問例：「これは何に見えますか？」）
図7-3　ロールシャッハテストの図版の例（模擬図版）

（1）質問紙法

質問紙法は，質問紙（いわゆるアンケート用紙など）を配布して，その質問紙に記入してもらう方法である。人格に関するアセスメントの多くは質問紙法によって行われる。たとえば，「ストレス対処質問紙（SCI）」，「矢田部―ギルフォード性格検査（Y-G性格検査）」，「ミネソタ多面人格目録（MMPI）」などがある。

（2）投影法

投影法は，曖昧な刺激を呈示して，それに対してなされる解釈や表現などから人格や欲求を知ろうとする方法である。有名な投影法には「ロールシャッハテスト（図7-3）」，「P-Fスタディ検査（図7-4）」，「TAT（図7-5）・CAT」，「バウムテスト（図7-6）」，「HTPテスト（図7-7）」，「SCT（図7-8）」などがある。実際に行う場合は，

（教示例：「この右側の人はどのように答えるでしょうか」）
図7-4　P-Fスタディ検査（絵画欲求不満テスト，Picture Frustration study）の図版例（模造）

(教示例：「今どういう状況で，これまで何があって，これからどうなるかということを一つの簡単なお話にして話してください」)

図7-5　TAT（絵画統覚検査，Thematic Apperception Test）の図版例（模造）

(左の絵は不登校時の絵，右の絵は元気になった後の絵　教示例：「一本の実のなる木を描いてください」)

図7-6　バウムテスト（樹木画テスト）の例（鍋田（2003），p.558）

(教示例：「家を描いてください。木を1本描いてください。人を一人描いてください。顔だけでなく全体を描いてください。（性別をたずね）今度は女（男）の人を描いてください」)

図7-7　HTPテスト（House-Tree-Person test）の結果例（被虐待児（11歳）の描画例）（橋本（2004），p.56）

図7-8　SCT（文章完成法テスト，Sentence Completion Test，被検査者は短い刺激文に続く短文を書く）

直接的に自分を意識して答える質問紙法と投影法を組み合わせて使うと，意識的な面と無意識的な面の両方を捉えるための手がかりを得ることができる。

（3）作業検査法

作業検査法は，被検査者に一定の作業を行わせて，その過程や結果から性格や適性をとらえようとする検査法である。作業検査法には「内田クレペリン検査（図7-9）」などがある。

（4）知能検査や発達検査

知能検査や発達検査には，検査者と対象者（被検査者）が一対一で決められた検査用具と手順に従って行う検査である個別式検査と，学校などで一斉に行われることの多い質問紙式の集団式検査がある。知能検査は知能を測定するための検査のことであり，心理学者であるビネーが，1905年に作成したビネー式知能検査に始まる。本来の知能検査は，障がいのある子どもを見つけて子どものために適切な療育を行うためのものであった。日本では，鈴木ビネー式知能検査や田中ビネー式知能検査VやWISC知能診断検査法（幼児用WPPSI知能診断検査，児童用WISC-Ⅳ知能検査，成人用WAIS-Ⅲ成人知能検査）などが用いられている。

発達検査は発達の度合いを捉えるための検査であり，遠城寺式乳幼児分析的発達検査，津守式乳幼児精神発達質検査，新版K式発達検査2001（図7-10）などが用いられている。

図7-9 内田クレペリン検査の例

図7-10 新版K式発達検査2001 用具の一部

　知能検査や発達検査も，検査をされた日の被検査者の体調によっても左右されるので，結果を絶対的なものとして捉えてはいけない。

3　不適応支援と心理療法

1　不適応支援

　子どもの不適応行動といわれる問題行動には，主に不登校や登校拒否，いじめ，校内暴力などがある。また学校での不適応行動が認められるにもかかわらず，適切な対応がとられないために自殺にいたるケースもある。自殺にいたった子どもに関して，適切な精神科治療やカウンセリングなどの必要な支援を受けていれば自殺予防につながったと思われる例は少なくない。子どもの自殺の危険が極めて高いと認識されるサインである自殺念慮やリストカットなどがあり，スクールカウンセラーに相談するようにアドバイスをしていたものの，具体的な対策を採られず，自殺が起こってしまったというケースもある。文部科学省の調査結果により具体的に挙げられていた自殺者の精神科診断名等としては，統合失調症，摂食障がい，うつ病などがあった。つまり学校での不適応行動の背景に精神疾患等が存在していることも疑われる。また精神疾患等の可能性ばかりでなく，身体障がい等のある子どもも，周囲の人の理解不足による悩み，将来への不安等から，精神的に不安定な状態になることもあるので，学校での不適応行動が認められる場合などには，より適切な対応が求められる（文部科学省，2014）。

2　心理療法

　心理療法は，心理療法の専門家が心理的に困難な状態にある人に対して心理学的な援助を行い，認知・情緒・行動などに働きかけ，そこに適応的な変

化を図ることを目的とする。心理療法には，精神分析療法や行動療法，来談者中心療法（クライエント中心療法），認知療法・認知行動療法，家族療法，遊技療法など多くの種類がある。心理療法の中でとくに言語的なかかわりによるものをカウンセリングといい，カウンセリングを行う者はカウンセラーと呼ばれ，相談に来る者は**クライエント**または来談者と呼ばれる。クライエントとカウンセラーの間に**ラポール**（信頼関係）が構築できていると，クライエントはカウンセラーの前で安心して感情を素直に表現できるようになり，一層効果的なカウンセリングが期待できる。

（1）来談者中心療法（クライエント中心療法）

　来談者中心療法（クライエント中心療法）は，ロジャーズが1940年代に始めた療法で，はじめ非指示的療法と呼ばれていた。この療法では，カウンセラーが積極的に指示やアドバイスをするのではなく，来談者に無条件の肯定的関心を向けて，感情的表現に共感を示し，表現された言葉を要約して返すことによって，来談者自らの気付きを促していくようにする。

（2）認知療法・認知行動療法

　認知療法は，ベックが1970年代に始めた療法である。この療法では，不適応の原因は，認知（物事の捉え方・考え方など）の仕方のゆがみに起因すると考える。強いストレスを受けて辛いときに抑うつ感や不安感が強まり，不適応的な行動が起こり，さらに認知の歪みが引き起こされるようになる。認知療法では，こうした個人が自分の認知のゆがみに気付くように働きかけて，考え方のバランスをとってストレスに上手に対応できるようにしていく。認知行動療法は，認知と行動を変化させることにより，問題行動や感情，症状などを改善していこうとする心理療法である。

（3）家族療法

　家族療法は，1950年代に米国で生まれた療法で，家族をシステムとしてとらえ，そのシステムがかかえる心理的問題を治療していこうとする療法の総称である。つまり特定の個人だけに問題があるのではなく，家族同士の関係の中にも問題があると考える。たとえば，不登校や家庭内暴力，摂食障がいなども，本人だけをカウンセリングしても十分な効果がない場合がある。家族療法では，家族関係や生活状況など，家族全体のシステム的な問題を捉えて，システム全体が変化するように援助していく。

クライエント
　心理臨床において，問題を抱えて専門的援助を求めてきた人のことをクライエントという。クライエントは来談者ともいわれ，もともとの意味は「顧客」「依頼人」である。

ラポール
　クライエントとカウンセラーの間に築かれる信頼関係のこと。

子どもたちが生活する場では，いじめ・不登校・学級崩壊・非行・自殺など多岐にわたる問題をかかえている。保育所や幼稚園，認定こども園，小学校などにおける子どもたちのためには，充実した支援体制が必要である。とくにスクールカウンセラーや保育カウンセラーの配置を一層充実させていかねばならない。

　文部科学省は，子どもの臨床心理に関して高度に専門的な知識と経験を有するスクールカウンセラー等の配置の充実を図り，スクールカウンセラーとスクールカウンセラー等に対して適切な指導・援助ができるスーパーバイザーを学校・教育委員会等に配置し，児童生徒の心のケアに加え，教員のカウンセリング能力等の向上のための校内研修や，児童生徒の困難・ストレスへの対処方法等に資する教育プログラムを実施するなど，スクールカウンセラー活用事業の一環として行っている。また文部科学省は，文部科学省が設定する教育相談ダイヤルで24時間体制の電話相談も実施して，教育相談体制の充実を図っている。さらに文部科学省は，幼児教育支援センター事業の一環として，子育てに不安を抱える保護者等へのカウンセリング等を行う「保育カウンセラー」等からなるサポートチームを市町村教育委員会に設け，保育所や幼稚園等の施設や家庭，地域社会における教育力を支えるための体制を整備しようとしている。

　また保育者や教育者がカウンセリングマインドを身につけて，子どもを理解する力と適切に関わる力を向上させていくことも必要である。さらにストレス・マネジメント教育の充実によって，子どもたち自身がストレス・マネジメント・スキルを身につけて，強くしなやかに生き抜いていく力を向上させていくことが望まれている。そして，より望ましい適応支援の実現のためには，社会全体における余裕（時間的余裕・心身の余裕・経済的余裕など）も一層必要であろう。

【引用・参考文献】
1）大石史博・西川隆蔵・中村義行（編）（2005）．発達臨床心理学ハンドブック　ナカニシヤ出版
2）内野悌司（2005）．第12章　神経症・心身症　大石史博・西川隆蔵・中村義行（編）　発達臨床心理学ハンドブック　p.125　ナカニシヤ出版
3）北尾倫彦・中島　実・林　龍平・広瀬雄彦・高岡昌子・伊藤美加（2006）．コンパクト教育心理学　北大路書房
4）鍋田恭孝（2003）．心理検査「バウムテスト」Vol.V-1　バウムテスト（樹木画）の読み方　臨床心理学, 3（4），pp.555-561
5）沼　初枝（2013）．臨床心理アセスメントの基礎　ナカニシヤ出版
6）橋本泰子（2004）．虐待児の心理アセスメント——描画からトラウマを読みとる——　ブレーン出版

7）Freud, A.（1936）. *Das Ich und die Abwehrmechanismen.* Internationaler Psychoanalytischer Verlag.（フロイト，A.（1936）. 外林大作（訳）（1958）. 自我と防衛　誠信書房）
8）前田重治（1994）. 続 図説 臨床精神分析学　p.19, p.68　誠信書房
9）文部科学省（2014）. 子供の自殺等の実態分析（http://www.mext.go.jp/component/b_menu/shingi/toushin/__icsFiles/afieldfile/2014/09/10/1351886_05.pdf）
10）文部科学省（2015）. 平成26年度「児童生徒の問題行動等生徒指導上の諸問題に関する調査」について（http://www.mext.go.jp/b_menu/houdou/27/09/__icsFiles/afieldfile/2015/10/07/1362012_1_1.pdf）
11）文部科学省（2015）. スクールカウンセラー等活用事業実施要領　平成25年4月1日　初等中等教育局長決定　平成27年4月1日一部改正（http://www.mext.go.jp/a_menu/shotou/seitoshidou/1341500.htm）

▷▷▷ お薦めの参考図書 ◁◁◁

① 矢野 正（2018）. 生徒指導・進路指導論　ふくろう出版
② 橋本泰子（2004）. 虐待児の心理アセスメント――描画からトラウマを読みとる――　ブレーン出版
③ 鍋田恭孝（2003）. 心理検査「バウムテスト」Vol.V-1 バウムテスト（樹木画）の読み方　臨床心理学，3（4），pp.555-561
④ 前田重治（1994）. 続 図説 臨床精神分析学　誠信書房
⑤ 北尾倫彦・中島 実・林 龍平・広瀬雄彦・高岡昌子・伊藤美加（2008）. コンパクト教育心理学　北大路書房
⑥ 大石史博・西川隆蔵・中村義行（編）（2007）. 発達臨床心理学ハンドブック　ナカニシヤ出版
⑦ 沼 初枝（2013）. 臨床心理アセスメントの基礎　ナカニシヤ出版

第8章 障がいのある子どもの理解

 「障がい」を語る共通言語

　保育・教育の現場には定型発達をする子どもばかりではなく，発達上さまざまなつまずきを抱える「障がいのある」子ども達も生活や学習を共にしている。その「障がいのある」子どもとは，一体どういう子どものことをいうのだろう。そもそも「障がい」とは何だろうか。

1 「国際障害分類」（ICIDH）

　古くから様々な国や地域で様々に「障がい」が語られ分類されてきた歴史があるが，近年になるまでは，「障がい」を個人の心身上の生物学的な不全や欠陥という医療レベルの問題として捉えられることが多かった。治療によって改善が見られなければ仕方がないという短絡的な見方が優勢な時代が続いていたのである。そうした障がい観を転換する契機となったのが，1980年に世界保健機関（WHO）による**「国際障害分類」**（ICIDH）の公表であった。

　この国際障害分類とは，障がいのレベルを図8-1に示すように，① 機能障害 Impairment，② 能力障害 Disability，③ 社会的不利 Handicap の三つの内容に分類して考える。

図8-1　ICIDH：WHO 国際障害分類（1980）の障害構造モデル（WHO（1980）.）

　これは個人に何らかの疾病が生じて機能障害になり，それがもとで生活上の能力障害（能力低下）が発生し，さらには社会的な不利益がもたらされるという考え方である。当時 ICIDH の考え方は「障がい」を三層に分けて階層的に捉えようとしたことがとても画期的であった。

　ところが《疾病／変調⇒機能障害（能力低下）⇒社会的不利》というよう

国際障害分類（ICIDH）
　WHO（世界保健機構）が機能障害，能力障害，社会的不利の三層構造で障がいをモデル化したもの。International Classification of Impairments, Disabilities, and Handicaps の頭文字をとって ICIDH と呼ぶ。

第1部 理論編

国際生活機能分類（ICF）
WHO（世界保健機構）がICIDHを改訂し，「心身機能・構造」，「活動」，「参加」3つの次元によって障がいをモデル化したもの。個人因子だけでなく環境因子との相互作用から障がいを説明する。International Classification of Functioning, Disability and Healthの頭文字をとってICFと呼ぶ。

に一方通行的に障がいを捉えているような点を見ると，まだ医療モデルという性格を脱しきれていない。これでは障がいという問題を改善しようとするときに，依然として障がいを抱える個人への治療やリハビリという視点しか生まれない。ICIDHは障がいの発生や対応の責任を個人に帰する個別モデルとも言えるだろう。

ICIDHの公表後間もなく，障がいを抱える状態はもっと複雑であり決して個人に還元される問題ではないという指摘が相次ぎ，早急なモデルチェンジが求められるようになった。そうした声を受けてこの国際障害分類は間もなく2001年に改訂され，新しく「**国際生活機能分類**」（ICF）が公表された。

2 「国際生活機能分類」（ICF）

国際生活機能分類（ICF）においても，障がいを3つのレベルで把握しようとする点はICIDHと共通している。しかし，障がいの現象（マイナス）だけを切り取るのではなく，人間の生活機能（プラス）を見ようとしているため以下のように中立的なことばに言い換えられた。

---
1. 機能・形態障害（Impairment）→心身機能・身体構造（Body Functions & Structure）
2. 能力障害（Disability）→活動（Activity）
3. 社会的不利（Handicap）→参加（Participation）

また，生活機能と生活能力のすべての構成要素に影響をおよぼす背景因子として，「個人因子」（性別・年齢・性格など）と相互作用をする「環境因子」という観点が加わっている（図8-2）。このことは障がいの発生が個人のもつ心身の特徴だけではなく環境の影響が大きいことを示唆している。障がいが個人に固着したものではなく，さまざまな要因の相互作用によって，時に発生したり取り除かれたりする流動的なものであるという考えがうかがえる。よって治療や訓練によって障がいというマイナスを減らすことよりも，教育

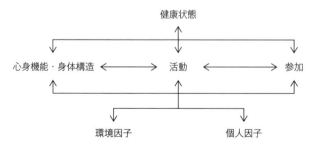

図8-2　ICF：国際生活機能分類（2001）の生活機能構造モデル（WHO（2001）.）

や環境を変えるアプローチによって個人がいきいきと生活できるようにサポートをしていくことの重要性が表現されている。

障がいを決して個体に還元するのではなく，環境との相互作用から生じる参加を妨げるバリアとみなすICFの考え方は，これまでの医療（個別）モデルに対して社会モデルとみなすこともできるだろう。この発想の大転換は，非常にインパクトのあるものであり，いまICFは教育，福祉，医療などあらゆる専門職間の共通言語として普及している。生活上困難を抱える個人を支えようとするとき，困難が発生する要因は多様で複雑であるために，個人を総合的に多面的にサポートしていく必要がある。そのときに，あらゆる専門職が手を取り合ってよりよいサポートを考えていくときの思考の枠組みとしてICFを活用することが期待されている。

2 いろいろな発達障害（神経発達症）

「障がい」をどのようにとらえるかという枠組みは大きく変化してきた。それと同じように，障がいの個別具体性を語ることばも時代によって少しずつ変化を遂げている。

現在，日本の保育・教育現場では「発達障害」ということばが広く普及しているが，歴史的に見ると非常に新しいことばである。日本では2005年4月から施行されている発達障害者支援法において，「自閉症，アスペルガー障害その他の広汎性発達障害，学習障害，注意欠陥／多動性障害その他これに類する脳機能の障害であってその症状が通常低年齢において発現するものとして政令で定めるもの」と正式に定義されるようになった。

ところが「発達障害」をどうとらえるかについては，その状態が非常に複雑で多様であるために一義的に分類することが難しい。その点を踏まえ，本書ではアメリカ精神医学会によってつくられ国際的に広く使われているDSMという診断基準を参考に紹介したい。

「発達障害」は，「通常は小児期少なくとも青年期には診断されるべき障害」というように大まかな概念として認識が広まってきた経緯がある。ことばのもつ意味合いが大きいために，あらゆる症状を示す人々が「発達障害」と診断されてしまい，概念がさらに曖昧になっていった。そこでアメリカ精神医学会は2013年に改訂されたDSM-5において，従来の「発達障害」概念を整理することとした。

DSM-5では旧「発達障害」をNeurodevelopmental Disorders（神経発達

DSM
アメリカ精神医学会による精神障害の診断と統計の手引きDiagnostic and Statistical Manual of Mental Disorders頭文字をとってDSMと呼ぶ。世界保健機関（WHO）による国際統計分類（ICD）とともに，国際的に広く用いられている診断基準。

> **中枢神経系**
> 脳と脊髄を結んでいる神経。脳と身体各部をつないで，言葉，音，味，痛み，温度などの情報をやりとりし，それに適した行動をコントロールするところ。

症）という新しいことばに改め，乳児期から児童期にかけて発症する**中枢神経系**の機能障害と定義した。この新しい神経発達症はどの能力にかかわる症状であるかによって，さらに6つ——① 知的能力障害　Intellectual Disabilities，② コミュニケーション症　Communication Disorders，③ 自閉スペクトラム症　Autism Spectrum Disorder，④ 注意欠如／多動症　Attention-Deficit/Hyperactivity Disorder，⑤ 限局性学習症　Specific Learning Disorder，⑥ 運動症　Motor Disorders に分類される。それぞれの項目で診断基準を見直し，旧「発達障害」の概念よりも明確なかたちで表現されている。このなかで保育・教育現場で出会うことの多い4つの神経発達症を取り上げ，子ども時代にはどのような状態像であるのかを簡単に見ていきたい。

1　知的能力障害

　知的能力障害（ID：Intellectual Disabilities）は，推理・問題解決・計画・抽象的思考・判断・学校の学習・経験からの学習といった知的機能の障がいから，日常生活や社会参加に支障をきたしている状態である。学習や動作の速度が遅れたり，言語の獲得がスムーズにいかないことから他者とコミュニケーションを上手にとれないこともある。また常同行動やこだわりが見られることもある。

　知的機能全般に制約を抱えているため，日常生活においても自分一人ではできない場面に遭遇したり，失敗を経験することが多い。その積み重ねが，子どもの意欲や自己評価の低下を招き，積極性が乏しく他者に依存する行動傾向につながりやすいと言われている。反対に成功経験を多く積み，過剰な支援を受けずに育っている子どもは，自発的でいきいきと生活ができている。**足場かけ**（scalfolding）を上手に行い，自信をもって活動できるようなサポートが望まれる。

> **足場かけ**
> **（scalfolding）**
> 子どもの学びや目標となる行動のために大人が援助やサポートをすることで，子どもはそれを足がかりにして学びや目標を達成していく。最終的に子どもの自律を目指しているため足場を少しずつはずしていく。

2　自閉スペクトラム症

　自閉スペクトラム症（ASD：Autism Spectrum Disorder）は表8-1に示したDSM-5の診断基準によると，① 社会的コミュニケーション，② 固定的・反復的行動の両方に特徴が見られる状態である。他者と視線が合いにくい，他者と面とむかったやりとりが難しい，興味・関心の示し方が独特であるといったことから派生する生きにくさを抱えている。DSM-5では自閉症者をどのように支援すべきかの目安を得るために，『自閉スペクトラム症の重症

表8-1　DSM-5による自閉スペクトラム症の診断基準（宮川（2014）．をもとに著者改変）

以下のABCおよびDを満たしていること

A．社会的コミュニケーションと社会的相互作用の持続的な障害（全般的な発達の遅れでは説明できず以下の3項目すべてによって示される）
　1．社会的アプローチの失敗や会話の嚙み合わなさから，他者と関心・感情・感動の共有経験が少ない社会—情緒的相互性の障害
　2．社会的相互作用で使われるアイコンタクトや表情，身体言語，ジェスチャーの理解や使用の難しさといった非言語的コミュニケーション行動の障害
　3．様々な社会的状況に合わせた行動調整の困難，想像力に富んだ遊びの共有ないし仲間関係を作ることの困難など年齢相応の関係性の発達・維持・理解の障害

B．行動・関心・活動における固定的・反復的なパターン（現在または履歴において以下2項目以上の特徴が見られる）
　1．型にはまったもしくは反復的な動作，ものの使用ないし会話（例：単純な運動パターン，おもちゃの配列，エコラリア，特異なフレーズ）
　2．同一性へのこだわり，決まったやり方への柔軟性を欠いた固執，儀式化した言語的・非言語的行動パターン（例：小さな変化への極端な苦痛や困難，固定的な思考パターン，挨拶儀式，決まって同じ道を採用することや毎日同じものを食べるといった要求）
　3．集中や焦点づけが異常に強くて限定的であり，固定的な関心対象がある
　4．感覚刺激への過剰反応もしくは鈍感さ，環境の感覚的側面への通常では見られにくい関心（例：苦痛／気温の識別のなさ，特定の音や触感への嫌悪反応，過敏な臭覚，ものの感触や光や運動への視覚的な魅了）

C．症状は発達初期に存在しているが後になって明らかになるものもある。

D．症状は社会的，職業的，あるいは他の重要な領域において臨床的に重要な障害を引き起こしている。

度の区分』を設定している。その重症度の区分は『レベル1（一定の支援が必要）・レベル2（多くの支援が必要）・レベル3（極めて強力な支援が必要）』の3段階に分けられている。

　ASDは，子どもが保育園や幼稚園といった集団生活に入る際に，集団参加における困難，対人関係のトラブル場面で顕在化してきやすい。他者に関心がない，他者を理解できない，等と見られがちであるが決してそうではなく，ASDならではの関心の抱きかたや理解のしかたがある。人は他者とかかわり合いながら集団のなかで育つものである。集団参加がしづらいからといって子どもを切り離すのではなく，子どもたち同士の関係づくりを支え関係のなかで子どもの育ちをサポートしていくことが重要である。

3　注意欠如／多動症

　注意欠如／多動症（AD/HD：Attention-Deficit/Hyperactivity Disorder）は，年齢や発達に比べ注意力や集中力に欠け，多動性や衝動性を示すことにより，生活面や学習面で支障を抱えている状態をいう。「注意欠如」は，たとえば先生が話をしていても先生に注意を向けづらく教室内外のあちこちに注意が

移ってしまい，そのため必要な情報を逃してしまうなどその後の困難を招いてしまう状態である。また先生が話をしている間，先生に注意を向け続けていることや長時間集中して同じ課題に取り組むことが苦手な場合もある。「多動」は，たとえばいま何をする時間か何をしてはいけないかという理解があるにもかかわらず，体が勝手に動いてしまいその場にふさわしくない行動をしてしまう状態である。また動きが多くじっとしていられなかったりそわそわして落ち着きがない状態を示すことも多い。体の動き以外にもおしゃべりがとまらなかったり，話が散漫で話題があちこちに飛びやすいという特徴を示すこともある。「注意欠如」，「多動」いずれか一方が顕著な場合もあれば，両方の特徴が顕著な場合もあるが，そのような身体コントロールの難しさから生活に困難を抱えている状態である。

　AD/HDのある子どもは**実行機能**（Executive Function）の問題から上記のような困難を抱えているにもかかわらず，しばしば本人の努力不足や生育環境，しつけの問題として誤解され自尊心を傷つけられやすい。子どもが落ち着ける環境づくりと並行しながら，注意を受ける経験が多くならないような配慮も心がけ，**二次障害**を引き起こさないように留意したい。

> **実行機能（Executive Function）**
> 思考や行動をコントロールする認知システムのことで，目標や状況に応じて注意を向けたりさまざまな力を使い分けたりする働きを担う。
>
> **二次障害**
> 一次的な障害を周囲に理解されず適切な対応が得られないことなどから生じる二次的な障害をいう。心理的社会的な不適応を招くこともある。

4　学 習 症

　学習症（LD：Learning Disorder）は知的な発達全般に遅れはないものの，読み・書き・計算のうち，特定の能力や機能に著しい困難がある状態をさす。「読み」の障害（with Impairment in reading）は，文字の読み間違えをする，読むスピードが遅い，文中の語句や行を抜かしたり反対に繰り返し読んだりする，文章の理解が難しい，といった困難を抱える状態である。「書き」の障害（with Impairment in written expression）は，書いた文字が鏡文字になっている，字の形や大きさが揃っていない，筆順が独特，漢字の細かい部分を書き間違える，句読点を適切に使えない，長い作文を構成するのが苦手といった様相を示す。算数障害（with Impairment in mathmatics）は，数の感覚と意味理解が難しい，正確な計算が速くできない，暗算が苦手，図形問題や数学的思考力を問う文章題ができないといった困難さを抱える。

　LDは小学校入学以降に現れることが多く，それまで不自由を感じてこなかった場合は本人も周囲も気づきにくい。学年が進行する前に気づき，認知特性にみあった教材を工夫することで事態は大きく改善する可能性がある。ただ，通常学級のなかで自分一人だけ特別に配慮を受けることについて躊躇する子どももいる。学級のなかでLDのある子どもを含め，どのような子ど

もも安心して学べる機会を保障していきたい。教育現場では**ユニバーサルデザイン**を意識した授業づくりが実践されるようになっており，今後も研究が積み重ねられることが期待される。

「障がい」を理解するということ

いま日本においても**インクルージョン**（Inclusion）の理念が具体化されつつあり，個人や社会における「障がい理解」が進みつつあるようにみえる。教育現場では「障がい理解」教育が展開され，障がいのある子どもを理解しようという実践が積み重ねられている。しかしながらこの「障がい理解」をどう捉え，たとえばどのように子どもたちに教えていくかはとても難しいことである。文字通り，障がいにかかわる知識や技術を学習することが「障がい理解」なのだろうか。そのことによって子どもたちの認識が変わり，差別や偏見の無い社会へと変容していくのだろうか。具体的に言えば，幼児期の子どもたちや小学生には「障がい」をどう学んでもらえばよいのだろう，あるいは中学生，高校生では子どもたちに何を「理解」してもらえばよいのだろうか。これらは子どもにかかわる職業を目指している読者のみなさんにはぜひ考えておいていただきたい問いである。

たとえば，小学校2年生で集団行動ができない，トラブルが発生するといつもその中心にいるA君という子どもがいたとしよう。A君は自閉スペクトラム症を診断されており，ことばも遅くお友達とコミュニケーションがとりにくい。授業中に立ち歩いたり奇声をあげたりすることもある。やがてクラスの子どもたちやその保護者からもA君について次のようなクレームが寄せられるようになった。A君がいると落ち着いて勉強ができない。勉強が遅れる。運動会のリレーも他のクラスに負けてしまう。A君についてこのような声が生じたクラスの担任であったら，この問題にどう対応すればよいだろうか。

クラスのなかでこのような声があがるということは，おそらくA君本人は生きづらさ（障がい）を抱えているだろう。では，クラスの子どもたちにA君は障がいがあると伝えればよいのだろうか。自閉スペクトラム症にはこういう特徴がある，だからA君には配慮しましょうと教えればよいだろうか。A君の症状を知ることとA君の周辺で生じている問題の解消とは決してイコールではない。「障がい」を頭で理解することと実際の人間関係の問題には大きな乖離がある。人間関係は個々に複雑でダイナミックであるがゆえに，プライベートな関係に理屈を機械的に持ち込もうとするわけにはいかないから

ユニバーサルデザイン
文化，言語，国籍，年齢，性別，身体的状況，知識，経験といった違いに関係なく，すべての人が使いこなすことのできる製品や環境などのデザインを目指す概念。教育・学習におけるユニバーサルデザインとは，学級全員の子どもたちが「わかる・できる」授業を指す。

インクルージョン
（Inclusion）
包含という意味で，人は一人ひとり異なり集団は本来多様性をもつという考えに立つ。インクルージョン教育とは，障がいのある子どもとない子どもを分離して教育するのではなく，両者はともに教育されるべきであるとする理念。

である。

　またA君との間でやりにくさを感じているクラスの子どもたち自身もある意味，「障がい」を抱えている当事者であるといえる。私たちはどうしても「障がい」の診断（や疑い）がある子どもを支援の対象としがちであるが，困難（障がい）は子どもたち同士の相互作用によって教室のなかに生じており，支援の対象はクラス全体であることを忘れてはならない。人が人と出会って関係を築いていく過程には，大小様々な分かりあえなさが生じるものである。またそこでの一つひとつの相互調整によって関係は深められていく。「理解」とはそういうもので，答えがないなかで傷つけあいながら手探りでつながりを確かめ合うしかない。こういった人間関係の学びが大切であり，それを丁寧に支えることが教育者に求められる役割なのではないだろうか。「障がい」というものをどうとらえるか，それを「理解」するとはどういう行為なのか，それを支える教育的なかかわりとはどうあるべきなのか，大きな問いではあるが，一人ひとりが考えていきたい。

　現在の日本において，教育，福祉，医療分野を中心にICFの概念が浸透しつつあるが，社会全体を見ると障害を個別モデルでとらえる見方はまだまだ健在である。「障がいのある」子どもたちが保護され支援される存在から，双方向的な人間関係を生き共に生きやすい社会づくりを担う主体へと変わっていけるように，私たちは子どもたちの学びを支えていく必要がある。

【引用・参考文献】
1) American Psychiatric Association. (2013). *Diagnostic and statistical manual of mental disorders. Fifth Edition: DSM-5.* Washington, D.C.: American Psychiatric Association.
2) 独立行政法人国立特殊教育総合研究所・世界保健機関（WHO）(2005). ICF（国際生活機能分類）活用の試み――障害のある子どもの支援を中心に――　ジアース教育新社
3) 井澤信三・小島道生 (2013). 障害児心理入門　第2版　ミネルヴァ書房
4) 伊藤健次 (2008). 第9章　発達障害のある子どもの教育・保育　保育に生かす教育心理学　みらい
5) 宮川充司 (2014). アメリカ精神医学会の改訂診断基準DSM-5：神経発達障害と知的障害，自閉症スペクトラム障害　椙山女学園大学教育学部紀要，**7**, pp.65-78
6) WHO (1980). *International Classification of Impairments, Disabilities, and Handicaps.*
7) WHO (2001). *International Classification of Functioning, Disability and Health.*（障害者福祉研究会（訳）(2002). ICF 国際生活機能分類――国際障害分類改訂版――　中央法規）

▷▷▷　お薦めの参考図書　◁◁◁

① ヴィゴツキー, L.S. (2006). ヴィゴツキー障害児発達・教育論集　柴田義松・宮坂琇子（訳）新読書社
② 浜田寿美男 (2009). 障害と子どもたちの生きるかたち　岩波現代文庫
③ 東田直樹 (2007). 自閉症の僕が跳びはねる理由――会話のできない中学生がつづ

る内なる心―― エスコアール出版部
④ 津守 眞・岩崎禎子（2005）．学びとケアで育つ――愛育養護学校の子ども・教師・親―― 佐藤 学（監）小学館
⑤ 岡田尊司（2012）．発達障害と呼ばないで　幻冬舎新書
⑥ 青木 豊（2012）．障害児保育　一藝社
⑦ 小川圭子・矢野 正（2018）．保育実践にいかす障がい児の理解と支援〔改訂版〕嵯峨野書院

第9章 教育評価

教育評価
教育活動と直接的あるいは間接的に関連した各種の実態把握と価値判断のすべてが含まれるもの。

　教育評価[1]は，園や学校で行われているすべての教育活動を対象とする。そこで本章では，教育評価における測定と評価の違いを整理した上で，評価の種別・方法について述べ，これからの時代における望ましい教育評価のあり方について考察する。

1 測定と尺度

　測定（Measurement）とは，ある対象について，あらかじめ定められた規準と**尺度**を用いて，数量的に測ることである。測定時に用いる尺度にはいくつかの種類や水準があり，それは測定対象によって，以下の通り分類できる。

尺度
評価を行うためのものさしのこと。

1 名義尺度・名目尺度 (nominal scale)

- 分類することを目的とした尺度
- 与えられた数字を入れ替えても問題なし
- 四則演算はできない

　アンケート調査などで，回答者の属性（性別，年齢）などを単純に識別するための尺度である。値の大小に特別な意味合いや優位性はない。SPSSなどの統計ソフトに入力する場合は，男性を0，女性を1，というようにあらかじめ設定し，識別記号として数値を入力する。そのため，四則演算はできない。

2 順序尺度・序数尺度 (ordinal scale)

- 大小関係のみを表す尺度
- 目盛が等間隔ではない
- 四則演算はできない

　アンケート調査に回答する場合，回答者は自分にあてはまる水準を5件法（1・2・3・4・5）からひとつ選択する。かりに，満足度が非常に高い場合には5に，満足度が非常に低い場合は1にマルをつける。そのため，数値

の大きさによる順序的な意味合いが生じるが，四則演算はできない。

3 間隔尺度・距離尺度（interval scale）

- 絶対的な原点が存在しない
- 目盛が等間隔
- 加法・減法のみできる

温度計で測定された「0℃」は，数値的には0であっても「温度がない」わけではなく，「−5℃」と比べると5℃高い温度という意味を持つ。

また，「20℃」と「10℃」を比較した場合，「20℃」の方が「10℃」よりも2倍暖かいということにはならない。このように，数量が倍数関係ではなく，どこの目盛りの間隔でも等しいことを示すため，加法・減法のみが可能である。

4 比率尺度・比尺度・比例尺度（ratio scale）

- 絶対的な原点を持つ
- 目盛が等間隔
- 四則演算のすべてができる

「体重0kg」という人はこの世には存在しないので，この場合の0は「何もない」，つまり意味がないことを示す。これが「絶対的な原点」である。

また，体重80kgのAさんが，健康維持のためにダイエットして60kgになった場合，ダイエット前後の体重は，「60kg÷80kg＝0.75」という割合で示すことができ，Aさんの体重は，ダイエット前の3/4になったということである。このように，測定値間の関係を倍数関係で表すことができるため，四則演算のすべてが可能である。

以上をまとめると，図9-1，9-2のようになる。

水準高（情報が細かく豊富）

尺度水準	可能な演算	必要な条件	扱える変数	例
比率尺度	×,÷, ＋,−	絶対的原点 等間隔性	量的変数	身長，体重
間隔尺度	＋,−	等間隔性	量的変数	温度計，暦
順序尺度	＞,＜	順序性	量的変数	満足度，成績順位
名義尺度			質的変数	性別，血液型

水準低（情報が大まかで限られている）

図9-1　尺度水準

第1部 理論編

↑水準高

尺度水準	必要な条件	定数倍	線形変換	単調変換	一対一変換
比率尺度	絶対的原点	○	×	×	×
間隔尺度	等間隔性	○	○	×	×
順序尺度	順序性	○	○	○	×
名義尺度		○	○	○	○

↓水準低

図9-2　尺度水準と可能な変換

5　尺度の変換

　たとえば，令和元年5月1日は，西暦2019年5月1日と表すことができる。このように，測定された値（**変数値**）を，他の値に置き換える（**変数変換**）ことによって，尺度の性質を損なわずに，測定値をわかりやすく比較することができる。変数変換の一例を，以下に示す。

① 比率尺度：刺激が提示されてからそれに答えるまでにかかった時間（単位：s → ms）

	A	B	C	D	E
元のデータ（s）	0.2	0.5	0.25	0.1	0.7
変換後のデータ（ms）	200	500	250	100	700

② 間隔尺度：教育心理学への興味（1～5 → 0～100）

	A	B	C	D	E
元のデータ	5	2	1	3	4
変換後のデータ	100	25	0	50	75

③ 順序尺度：教育心理学の成績評価（4段階評定→評定値の2乗）

	A	B	C	D	E
元のデータ	1	3	4	2	3
変換後のデータ	1	9	16	4	9

変数値
変数変換

測定データの処理

1　度数分布表

　ある値を示したデータの個数（度数）やそのちらばり（度数分布）を示した一覧表を度数分布表という。また，データの特徴をわかりやすくとらえるためには，度数分布表をもとに図を作成するとよい。たとえば，A大学の学部別人数の度数分布表（表9-1）をもとに，図9-3のようなグラフを作成すると，わかりやすく表現することができる。

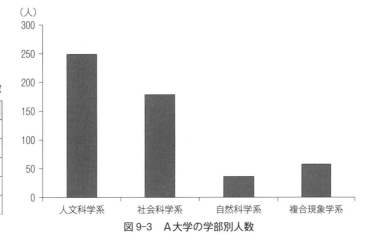

表9-1　A大学の学部別人数

	人数
人文科学系	250
社会科学系	180
自然科学系	40
複合現象学系	60
合　計	530

図9-3　A大学の学部別人数

2　数値要約

　データ全体の情報を，ひとつの値（要約統計量）にまとめることである。要約統計量には代表値（平均値，中央値，最頻値など）と散布度（分散，標準偏差，平均偏差，範囲など）がある。以下，それぞれについて述べる。

> 平均値
> 中央値
> 最頻値
> 分散
> 標準偏差
> 平均偏差
> 範囲

（1）代表値

　データ全体をあるひとつの値で代表させた値のこと。以下のようなものがあるが，データの特徴や，それぞれの代表値の長短所をふまえてもっとも妥当性の高い代表値を選ぶことによって，よい分析ができる。

- 平均値（mean）：データすべての値の和／データの個数
- 中央値（median）：奇数個のデータを大きさ順に並べたときにちょうど真ん中にある値

※データが偶数個の場合＝真ん中の値2つの値の和／2
- 最頻値（mode）：もっとも度数の多いデータの値
- 外れ値：他の値に比べて極端に大きかったり小さかったりする値

（2）散布度

データのちらばり（ばらつき）度合いを示す指標のこと。散布度は，代表値の情報だけではわからないデータのばらつき具合を判断するときに用いる。

- 偏差（deviation）：個々のデータと平均値の差
- 平均偏差（mean deviation）：偏差の絶対値を平均したもので，データ全体が平均的にどれくらい平均値から離れているかを示す。
- 分散（variation）：偏差を2乗した値の平均を示したもので，データ全体のちらばり度合いを表す。

    分散の計算方法 =（1番目のデータの値 − 平均）^{2}
        +（2番目のデータの値 − 平均）^{2} ……
        +（n番目のデータの値 − 平均）^{2}／n

- 標準偏差（standard deviation）：分散の正の平方根（$\sqrt{\ }$）をとることで単位をもとに戻したもの。さまざまな統計処理（仮説検定：**相関係数**，*t* **検定**，**分散分析**など）で利用される指標。
- **四分位偏差**（quartile deviation）：代表値として中央値を用いる場合に散布度の指標として用いるもの。データを大きさの順に並べ，全体を1/4ずつ分け，下位25％の位置の値を Q_1，上位25％の値を Q_3として，以下の計算をする。

    $Q = Q_3 − Q_1/2$

- 範囲（レンジ：range）：データの最大値と最小値の差
- **ゆがみ**（歪度：skewness）：分布形の左右対称からの偏りの方向と程度

    $$\frac{1}{n}\sum_{t=1}^{N}(Xi - \bar{X})^3/S^3$$

- **とがり**（尖度：kurtosis）分布の中心の高さの尖りの程度

    $$\frac{1}{n}\sum_{t=1}^{N}(Xi - \bar{X})^4/S^4$$

ある変数の分布が**正規分布**であるための必要条件
- 左右対称である→歪度＝0
- 中央に山がひとつある
- 山すそが，なだらかに広がっている

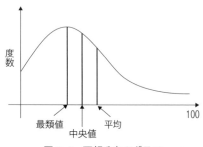

図9-4　正規分布のグラフ

3 教育評価

1 統計データによる評価

評価（evaluation/assessment）とは，測定されたデータについての価値を判断すること，つまり，測定された値についての解釈・意味づけである。では，下記例題の場合は，どのような評価になるのだろうか。

【例題】Aさんの期末テストの成績は，100点換算で英語が86点（M＝90），国語が67点（M＝53），数学が44点（M＝30）だった。クラス全体の平均点はそれぞれ（　）内に示す通りであった。この結果から，「Aさんは英語が得意だが数学は苦手」といえるだろうか。

〈考え方〉

Aさんの得点（測定値）とクラス平均点を比較することによって，Aさんのクラス内における相対的な位置づけが確認できる。そこで，標準化得点および偏差値を計算する。

- **標準化得点**（Z得点：Z_i）

$$Z_i = \frac{X_i - \overline{X}}{SD_x}$$

- **偏差値**：平均50，標準偏差10になるように標準化した標準得点
  ＝Z得点×10＋50

$$Zi = 10Zi + 50 = \frac{10(X_i - \overline{X})}{SDx} + 50$$

この計算式をもとに，Aさんの偏差値を算出すると，表9-2のようになる。

表9-2　Aさんの3科目の得点と偏差値

科目	偏差	標準偏差	標準得点	偏差値
英語	−4	8	(−4)/8＝−0.5	−0.5×10＋50＝45
国語	14	10	14/10＝1.4	1.4×10＋50＝64
数学	14	5	14/5＝2.8	2.8×10＋50＝78

Aさんの場合，自分の得点から「英語が得意だが数学は苦手」と自分では評価していたが，偏差値は数学が78，英語は45であり，統計的には「数学が得意だが英語は苦手」だと評価される。

標準化得点
　集団の中における個人の相対的な位置づけを示すために用いられる得点（Z得点）。

偏差値（standard score）

2 教育評価

教育評価は，園や学校における保育・教育実践活動全般を対象とする。評価の目的や対象によって，主に以下のように分類することができる。

(1) 学習・生活状況評価

子どもの遊びや生活状況，学習活動やその成果を対象とする。小・中・高等学校における指導要録や通知簿などがこれに相当する。

(2) 授業評価

授業内容や方法を対象とする。一般的には質問紙調査などによって子どもや保護者が回答したデータを分析し，授業担当者の教授方略や子ども理解を促すといったねらいがある。その結果は，学校全体での授業改善に取り組む活動の基礎資料となる。

(3) 教員評価・学校評価

学校の教育目的・目標，教職員組織，施設・設備，財務状況，子どもの受け入れ状況，教育内容と方法，教育成果とその公開状況，教員の服務・勤務状況などを対象とする。教員評価の場合，評価者は学校長や任命権者であり，評価基準はそれぞれの目的に応じて独自に設定されている。

3 評価方法による分類

(1) 集団準拠評価

集団内における相対的な個人の位置づけを示す評価方法，いわゆる**相対評価**である。集団の成績が正規分布になることを前提に，パーセンタイルや偏差値によって順位が決まり，評定値として示されることが多い。

集団の規模や構成・内容に依存するため，統制された尺度水準であれば，誰が評価しても同じ結果が得られる客観性の高いものである。その一方で，個人の努力や縦断的な変動が反映されにくいという欠点もある。また，教育現場における実践は，必ずしも正規性を担保しているわけではないので，実態とそぐわない面もある。

(2) 目標準拠評価

あらかじめ定められた集団の教育目標や習熟目標に対して，個人がどれだ

相対評価
集団内における個人の位置づけによる評価のこと。

け到達できたのか，その質的な度合いを示す評価方法，いわゆる**絶対評価**である。集団の規模や構成・内容に左右されず，個人内差を縦断的に示すことができる。その一方で，誰もが納得できる目標の設定や，評価の妥当性・客観性を担保するのが難しい面もある。これらを改善するためには，① 事前に明確な教育目標や評価観点・項目（**規準**）を示し，② 各目標や評価項目についての到達水準（**基準**）を示す必要がある。

（3）個人内評価

一人ひとりの学習者それぞれの特性や能力に応じて設定された教育目標や習熟目標をもとに，個人がその目標に対してどれだけ到達できたのか，その能力や到達度合いを示す評価方法である。また，個人内評価には，**縦断的評価**と**横断的評価**の2つの方法がある。

縦断的評価とは，過去の何らかの結果（成績）を基準に，現在に至るまでの変化や変動幅を示すものである。一方，横断的評価とは，たとえば，Aさんの知識レベルは5であり，行動レベルは3である，というように，個人の観点や項目間における違いに着目し，個人の特徴を示すものである。

4　評価者による分類

（1）他者評価

教員が小・中・高・大学生の学力・学習状況について行う評価であり，教員評価ともいう。その代表的なものは，学期末の成績評価である。

だが，他者評価の意義は，学習成果（結果）のみを示すものではなく，それをもとに今後の学習方略を改善し，次の学習に反映させることである。日常の教育活動場面において，教員のちょっとした言葉がけによって，学習者の意欲が向上したり，学習方略そのものが変わったりすること（**ピグマリオン効果**）は，よくあることである。このような言葉がけも，広い意味では他者評価のひとつである。

他者評価が学習者に与える影響は非常に大きい。場合によっては，学習者の進路や人生そのものを左右することすらあり得る。学力・学習状況のみならず，人が人を正当に評価するためには，まず明確な教育目標があり，それを測定するための明確な規準・尺度があらかじめ示される必要がある。その上で，学習者の到達水準（基準）の妥当性を担保した判断を行う。そのためには，学習者に対する教育的愛情と保育・教育に対する使命感が必要である。

絶対評価
指導目標や到達目標を規準として，子どもの学習成果が，どの程度までその規準に到達しているかを測定し，価値判断を行う評価のこと。目標基準準拠評価（目標準拠評価）とも呼ぶ。

規準
基準

縦断的評価
個人の過去と現在を比較し，それをもとに行う評価。

横断的評価
個人と個人，個人と集団の平均などを同時に比較し，それをもとに行う評価。

ピグマリオン効果
pygmalion effect
教師期待効果またはローゼンタール効果ともいう。

(2) 自己評価

　学習者自身が，自分が設定した計画とその結果，学習状況や方略，成果について，何らかの縦断的な記録（たとえばポートフォリオ）などに基づいて評価することである。このような評価に影響を及ぼすのは，**メタ認知**の働きである。

　メタ認知とは，「自分は何が得意なのか（苦手なのか）」，「どうすれば自分の考えをうまく他の人に伝えることができるのか」といったことで自問自答すること，自分の認知について，より高次なレベルからとらえ直し，自己調整を行うための心的な働きである。人間の行動は，外部から取り入れた刺激や情報を取り入れ，それを自分の中で整理・統合することによって成り立っている。このような一連の活動を，メタ認知的な活動とよぶ。そして，このような活動を繰り返すうちに，メタ認知的な知識が蓄積され，学習行動が自己制御できるようになる。このような思考サイクルに基づいた，能動的な学習者の育成を目指して提案されているのが，いわゆる**アクティブ・ラーニング**（Active Learning）である。

> **メタ認知**
> 　自分の認知について，より高次なレベルからとらえ直す作用。

> **アクティブ・ラーニング**
> 　教員による，一方的な講義形式の教育とは異なり，学習（学修）者の能動的な参加を取り入れた，教授・学習法の総称。発見学習，問題解決学習，体験学習，調査学習などが含まれる。その方法としては，グループ・ディスカッション，ディベート，グループワークなどがある。

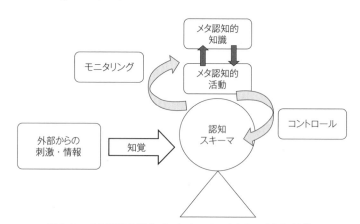

図9-5　メタ認知の働き（三宮（2008）．をもとに著者作成）[2]

(3) 相互評価

　学習者同士が，一定の共通基準を用いて，互いに評価することである。ここで共通基準が必要となるのは，単なる好き嫌いや人気といった，主観的な感情や価値観による，評価のゆがみを避けるためである。その意味では，相互評価は，対等な関係による学生同士による評価であり，互いに「評価する―評価される」ためのよりよい関係性を構築することが重要である。

5　評価時期による分類

ブルーム（Bloom, B.S.）は，指導（学習）前段階，指導（学習）継続中，指導（学習）結果の3つの時期によって，評価の目的・意義を表9-3のように分類している。その中で，もっとも重視しているのは，形成的評価である。それは，評価の意義そのものが，結果（総括的評価）だけではなく，「教授―学習」過程そのものにあると考えたためである。このような評価観に基づいて，小・中・高等学校においては，指導要録に見直しが行われ，大学においても，新しい評価方法を模索する動きがある。

> **ブルーム**
> 米国の教育学者。1913-1999。完全習得学習の理論，それを支える教育目標の分類学・評価法（診断的・形成的・総括的評価）を提唱した。また，彼の提唱したカリキュラム開発理論は，いくつかの国で採用された。

表9-3　評価の時期による分類（梶田（2002），をもとに著者作成）[1]

診断的評価	単元指導・学習前に学習者の既習レベル（レディネス）チェック，アセスメントのひとつとして行い，指導計画を作成するために行う：クラス分けテストなど
形成的評価	単元指導・学習継続中に学習内容の到達度の確認，フィードバック，指導計画・内容の改善のために，定期的に行う漢字・計算などの小テストや口頭チェック，ノートチェックなど
総括的評価	単元指導・学習完了後の到達度，成績の決定と記録・通知，指導効果の検証のために行う期末テスト，指導要録や内申書など

4　新しい評価方法

溝上（2015）によると，アクティブ・ラーニングとは，「一方的な知識伝達型講義を聴くという（受動的）学習を乗り越える意味での，あらゆる能動的な学習のこと。能動的な学習には，書く・話す・発表するなどの活動への関与と，そこで生じる認知プロセスの外化を伴う」学習活動である[3]。これを，どのように評価するべきであるか，といった議論は，まだ十分にはなされていない。そこで，以下ではいくつかの新しい評価方法事例をもとに，どのように評価することができるのか，ということを考えてみたい。

1　パフォーマンス評価

知識や技能の習得度合いだけではなく，知識そのものをどのように作り出すことができるのか，すなわち，メタ認知的知識を育むために必要な教育活動とその評価方法を考えるならば，従来からある評価方法の枠組みだけでは限界がある。そこで近年注目されているのが，**パフォーマンス評価**（performance assessment）である[4]。

これまでにも教育の現場においては，さまざまなパフォーマンスについて，

> **パフォーマンス評価**
> ある特定の文脈のもとで，さまざまな知識や技能などを用いながら行われる，学習者自身の作品や実演（パフォーマンス）を直接に評価する方法。

何らかの評価が行われている。ただし，それらには，統一された尺度水準や評価基準があるわけではなく，主に評価者の主観的な価値概念や規準によって行われていると推察する。

2　ポートフォリオ評価

ポートフォリオとは，課題レポートや作品などの成果物をファイリングし，その蓄積をもとに，個人内差についての縦断的な変容を評価する方法である。たとえば，まだ文字を未習得な幼児であっても，クレヨンや鉛筆などを用いた自由奔放で縦横無尽に描かれた，いわゆる「なぐり書き」を，作成した時系列順に並べたとする。すると，当初は直線ばかりであったのが，月齢が進むにつれて次第に曲線や楕円になり，色々な「ぐるぐる丸」などへと変化していく。このような描画の変化そのものが評価対象となる。

3　ルーブリック評価

パフォーマンス評価の特徴は，パフォーマンス課題（performance task）に基づいて多次元的・多段階的な分析を行い，さらに複数の評価者の間で評価の一貫性（信頼性）を担保することによって，直接評価を行う。その指標（基準）として，近年注目されているのが**ルーブリック**（rubric）である。

ルーブリック評価は，到達目標（規準）とその達成度合い（基準）を文章化したマトリックスで示される配点表をもとに行う。同一の授業について，複数の教員が評価を行った場合であっても，一定の客観性が保たれるため，課題レポートや作品・実験の観察，面接，プレゼンテーション，グループ活動の自己評価・相互評価，複数の教員で担当する科目の評価などに適している。

ルーブリック評価を行うためには，評価目的に合致したルーブリックを作成する必要がある。その手順としては，まず評価項目（行動特性）を整理する。次に，それぞれの評価項目が，園や学校独自の教育目標や授業目標の到達水準に合致したものであるのかどうかを検討する[5]。これらの作業は，できれば複数の教職員によって文章化し，完成させることが望ましい。

ポートフォリオ
（portfolio）
　子どもの学習過程やその成果を示す作品や，子どもの自己評価の記録，教師による評価の記録等をファイルにまとめたものをいう。ポートフォリオ評価とは，これらのファイル作りを通して子どもの自己評価を促しながら，教師も子どもの評価を行う方法をさす。

ルーブリック
　パフォーマンス（作品や実演）の質を評価するために用いられる評価基準のひとつであり，近年教育評価においても，注目されている指標である。

【引用文献】
1）梶田叡一（2002）．教育評価　第2版補訂2版　p.1　有斐閣双書
2）三宮真智子（2008）．メタ認知――学習力を支える高次認知機能――　pp.7-11　北大路書房
3）溝上慎一（2015）．アクティブラーニング論から見たディープ・アクティブラーニング　松下佳代（編著）ディープ・アクティブラーニング　p.32　勁草書房

4）松下佳代（2012）．パフォーマンス評価による学習の質の評価——学習評価の構図の分析にもとづいて—— 京都大学高等教育研究，**18**，pp.75-114
5）同上，pp.82-83

▷▷▷ お薦めの参考図書 ◁◁◁

① 山田剛史・村井潤一郎（編）（2004）．よくわかる心理統計　ミネルヴァ書房
② 田中耕治（編）（2010）．よくわかる教育評価　第2版　ミネルヴァ書房
③ 西岡加名恵・石井英真・田中耕治（編）（2015）．新しい教育評価入門——人を育てる評価のために——　有斐閣コンパクト
④ 石上浩美（編著）（2019）．新・保育と表現——理論と実践をつなぐために——　嵯峨野書院
⑤ 石上浩美・中島由佳（編）（2016）．キャリア・プランニング——大学生の基礎的な学びのために——　ナカニシヤ出版

第10章 保育者・教員の養成・採用・研修

近年,保育者・教員に対する社会的な要請を受けて,養成・採用・研修のそれぞれの段階において,その資質・能力の向上が急務であるといわれている。このような状況をふまえて,本章では,これまでの教員養成の歴史的変遷を整理した上で,これからの時代に求められる保育者・教員の養成・採用・研修がどのようにあるべきなのか考察する。

1 保育者・教員養成の現状と課題

1 保育者養成の歴史的変遷

近代教員養成制度において,保育者は幼稚園保姆を主体とする養成が行われていた。1926年幼稚園令(大正15年4月22日勅令第74号)においては,「保姆ハ幼児ノ保育ヲ掌ル,保姆ハ女子ニシテ保姆免許状ヲ有スル者タルベシ」と規定されていた。この当時は託児所(現保育所)については特別の規定はなく,保姆有資格者以外であっても,託児所保姆となることができた。このような経緯をふまえて,1948(昭和23)年厚生省児童局長通知「保母養成施設及び運営に関する件」において,保育者養成は制度化され,幼保の役割分離がなされるようになった。

ところが,少子高齢化の進展にともない,保育制度そのものが,現在転換期にある。平成26年度文部科学省学校基本調査[1]によると,幼稚園数は12,907園(国立49園,公立4,714園,私立8,144園)で,前年度より136園減少している。また,園児数は1,557,282人(男子789,708人,女子767,574人)で,前年度より26,328人減少している。このため,各地で園の統廃合や教員定数の削減が進められている。その一方で,2006(平成18)年には,**認定こども園**制度が創設され,今後幼保連携,幼保一体化,幼保一元化に向けた,さまざまな取り組みもなされている(表10-1)。

> **認定こども園**
> 保育・教育を一体的に行う施設。保護者の就労の有無にかかわらず受け入れが可能な子育て支援機能を持っている。

表 10-1　幼保連携に関する現行制度の概要

幼保連携	幼稚園・保育園の設置場所が離れていても,教育的観点から連携して補完しあって,子どもの保育・教育を進めていくこと
幼保一体化	幼稚園・保育園が同一敷地内にあり,現行の法制度の下で,職員の交流や幼児の交流,施設の相互活用等,教育的観点から幼児の教育,保育を進めていくこと
幼保一元化	幼稚園・保育園が同一敷地内にあり,幼稚園・保育園の根拠法,設置運営基準,教育・保育の内容基準等が改正された下で,幼児の教育,保育を進めていくこと

2　教員養成の歴史的変遷

　我が国における教員養成は,1872（明治5）年,東京高等師範学校（現筑波大学）が設置されて以降,官立（国立）の師範学校がその中核を担っていた。だが,1949（昭和24）年,新制大学の発足にともない,師範学校は国立の教員養成系大学・学部へと改編（大学における教員養成の原則）され,各都道府県には,必ず教員養成系大学・学部を設置すること（主に国立大学での計画養成）が義務づけられた。これと同時に,教員養成系大学・学部以外の学部でも教員免許取得が可能になり（開放制の原則）,これが現在の教員養成・採用・研修システムの基盤となった。そして,1954（昭和29）年からは,**課程認定制度**が導入された。さらに,1987（昭和62）年からは,教育現場の実態に即した教職以外の幅広い資質・能力や背景を持つ教員の必要性から,一部の教員養成系大学では**新課程**への改組が行われた。

　その一方で,2008（平成20）年からは,教職の専門性と実践力・応用力を向上させることを目的とした教職大学院（より実践的な指導力を備え将来学校運営の中核的な役割を担う新人教員の養成と,指導理論と優れた実践力・応用力を備え地域や学校における指導的役割を果たすスクールリーダーの養成を主な目的・機能とした大学院）が設置され,現在に至る。

課程認定制度
　大学は,教員免許状の取得要件となるすべての開講科目について,あらかじめ文部省の審査・認可を受けることを必須とする。

新課程
　教員養成課程の一部を,教員以外の職業分野の人材や高い教養と,柔軟な思考力を身につけた人材を養成することを目的とした教員免許状取得を必須としない課程,いわゆるゼロ免課程。

3　教員の職務に関する実態と課題

　教員の職務環境について,OECD国際教員指導環境調査（TALIS）[2]では,日本の教員の勤務環境の特徴を,以下のように示している。

OECD国際教員指導環境調査（TALIS）

① 校内研修などを用いて,日頃からともに学び合う環境が学校の文化的土壌にあり,個々の教員の指導改善努力や自ら学ぼうとする意欲は高い。
② 法定研修以外の学外研修について,参加意欲はあるものの,本務校業務の繁忙さ,研修費用などの経費負担,同僚教員に対する心理的負荷などから,なかなか参加できない状況にある。

> ③ 子どもの主体的な学びを引き出す指導に対する自己効力感が低く，ICTの活用などの実施割合も高くはない。
> ④ 職場における勤務時間が，調査国39ヶ国中最長（53.9時間／週）である。

中央教育審議会
文部科学大臣の諮問に応じて，教育施策や教育課題について審議・答申を行う機関。

　この結果とほぼ並行する形で，**中央教育審議会**「教員の養成・採用・研修の改善について〜論点整理〜」[3]では，これからの教員養成・採用・研修の課題を，以下のように整理している。

> ① 養成段階：教員を高度専門職として位置づける改革の実現をめざすとともに，学部・学科段階を「教員となる際に必要な基礎的・基盤的な学修」とし，教員免許状の取得に必要な最低修得単位数を増加させないこと。
> ② 採用段階：優秀で意欲のある多様な人材を確保するため，教員養成課程における学習状況等の評価を積極的に活用するなど，選考方法に一層の改善・工夫を求めること。
> ③ 研修段階：教員自身が自らのキャリア・デザインに応じて資質能力を発展・拡大させていく過程で，多様な研修プログラムが準備され，それらを継続的・発展的に受講できる環境の整備を求めること。

　上記2つの報告では，教員は高度専門職であり，「学び続ける」主体として位置づけられていることが明白に示されている。また，大学における教員養成の社会的使命を再度確認し，養成段階における学生の質保証に取り組む仕組みへの組織改編，さらに養成・採用・研修の各段階において，教育委員会，学校現場との緊密な三者連携・協働を推進している。
　だが，実際に教員が「学び続ける」環境を整備・構築するためには，教員自身の自助努力だけでは極めて困難であり，さらなる外的な支援システムの構築が急務であることも示している。
　教員は，外部から獲得した知識や技能をそのまま自分の実践に投影しているだけではなく，これらを内化し，省察しながら，常に新しい実践を作り出すというような，特有の学びのスタイルを持っていると考えられる[4]。その一方で，初任者教員には，採用時点で，すでに「一人前」であることが管理職や保護者から期待される傾向にあることが，複数の調査研究から示されている。
　たとえば著者は，自己形成は協同性を基盤としたメタ認知的活動とそれに基づく知識の総体であると考え，生涯発達的な観点から教員の自己形成を支援する必要性を示した（石上，2014）[5]。ここでいう「学び続ける教員」とは，教員としての職務と専門性に誇りを持ち，その役割と責任を果たすと同時に，地域の一住民としても様々な社会的活動にも興味・関心を持ち能動的に参画

できる,バランス感覚を備えた教員である。

 ## これからの保育者・教員に求められる資質・能力

　中央教育審議会答申（2015）[6]によると,教員が備えるべき資質能力とは,まず,これまで複数の答申や報告においても述べられてきた,不易の資質能力（使命感や責任感,教育的愛情,教科や教職に関する専門的知識,実践的指導力,総合的人間力など）がある。詳細については,図10-1に示す。

　今回の答申では,これらにつけ加えて,「自律的に学ぶ姿勢を持ち,時代の変化や自らのキャリアステージに応じて求められる資質能力を,生涯にわたって高めていくことのできる力」や,「常に探究心や学び続ける意識を持つこととともに,情報を適切に収集し,選択し,活用する能力や深く知識を構造化する力」,すなわち,「学び続ける教員」としての専門性・力量をさらに高めていく必要性が述べられている。

　その一方で,学校教育活動における指導理念や方針についても,「組織として共有し,その育成のために確固たる信念をもって取り組んでいく」こと,学校内外の専門家や機関とも連携・協力しながら,「チーム学校」として,学校運営に携わっていく必要性が強調されている。

　以上のことをふまえると,これからの保育者・教員に求められる資質・能力とは,職務上の専門性,社会性や協調性を備え,多種多様な問題について協同しながら柔軟に対応できる問題解決能力といえるだろう。

 ## 保育者・教員として働き続けるために

　これまでに述べてきたとおり,これから保育者・教員として働き続けるためには,個々人の努力だけではなく,養成・採用・研修のそれぞれの段階における資質・能力の向上のためのプログラムの構築,個々の保育者・教員が置かれている職務環境の改善・整備,学校と家庭・地域とのさらなる連携・協力関係の再構築が必要不可欠である。

　また,今後さらに増加が見込まれる,保・幼・小の連携,および小・中の一貫校の新設といった,学校教育制度そのものの変革にともない,保育所・幼稚園・小・中・高・特別支援学校など,複数の学校種の免許を持つ保育者・教員の需要も生まれつつある。これらの外的環境の変化に対応するため

には，学校種別横断型の，新たな教員免許状を創設するための法改正もあり得るだろう。とくに，乳幼児期から児童・青年期の発達の連続性を考慮した，一貫した保育・教育システムの整備は急務である。

さらに，いわゆる待機児童問題の解消や，子育て支援政策の拡充も，喫緊の課題である。このような環境整備を進めるにあたっては，保育・教育現場の担い手となる「学び続ける教員」が，快適な職場環境で働き続けることができるための施策を講じる責務が，教育行政にはあるだろう。

ただし，ハード面の設備・環境改善や経済的な支援だけでは，保育者・教員として働き続け，自己を形成することは不十分である。何よりも，保育者・教員として，自分の仕事に誇りと愛着を持ち，「今，ここにいる」子どもや状況と関わりながら，ともに学び，ともに育つことに対する意義を見出すための，心理・社会的なサポート体制づくりが必要不可欠である。

【引用文献】
1）平成26年度文部科学省学校基本調査（http://www.mext.go.jp/component/b_menu/other/__icsFiles/afieldfile/2014/12/19/1354124_2_1.pdf　2015年11月10日参照）
2）国立教育政策研究所（編）(2014)．教員環境の国際比較——OECD国際教員指導環境調査（TALIS）2013年調査結果報告書——　明石書店
3）中央教育審議会教員養成部会教員の養成・採用・研修の改善に関するワーキンググループ（2014）．教員の養成・採用・研修の改善について〜論点整理〜（http://www.mext.go.jp/component/b_menu/shingi/toushin/__icsFiles/afieldfile/2014/10/09/1352439_01.pdf　2015年11月10日参照）
4）ショーン，D. A.・柳沢昌一・三輪建二（監訳）(2007)．省察的実践とは何か——プロフェッショナルの行為と思考——　鳳書房
5）石上浩美 (2014)．教員の職務認識と教職キャリア形成に関する研究　京都精華大学紀要，**45**，pp. 4-21
6）中央教育審議会．これからの学校教育を担う教員の資質向上について——学び合い高め合う教員育成コミュニティの構築に向けて（答申）（中教審第184号）(http://www.mext.go.jp/component/b_menu/shingi/toushin/__icsFiles/afieldfile/2016/01/13/1365896_01.pdf　2019年6月30日参照）

▶▶▶ お薦めの参考図書 ◀◀◀

① 小林芳郎(編)(2011)．学びと教えで育つ心理学——教育心理学入門——　保育出版社
② 北尾倫彦・中島　実・林　龍平・広瀬雄彦・高岡昌子・伊藤美加（2006）．精選コンパクト教育心理学——教師になる人のために——　北大路書房

第10章 保育者・教員の養成・採用・研修

これからの学校教育を担う教員の資質能力の向上について
（答申のポイント）

背景
- 教育課程・授業方法の改革（アクティブ・ラーニングの視点からの授業改善、教科等を越えたカリキュラム・マネジメント）への対応
- 英語、道徳、ICT、特別支援教育等、新たな課題への対応
- 「チーム学校」の実現
- 社会環境の急速な変化
- 学校を取り巻く環境変化
  - 大量退職・大量採用→年齢、経験年数の不均衡による弊害
  - 学校教育課題の多様化・複雑化

主な課題

【研修】
- 教員の学ぶ意欲は高いが多忙で時間確保が困難
- 自ら学び続けるモチベーションを維持できる環境整備が必要
- アクティブ・ラーニング型研修への転換が必要
- 初任者研修・十年経験者研修の制度や運用の見直しが必要

【採用】
- 優秀な教員の確保のための求める教員像の明確化、選考方法の工夫が必要
- 採用選考試験への支援方策が必要
- 採用に当たって学校内の年齢構成の不均衡の是正に配慮することが必要

【養成】
- 「教員となる際に最低限必要な基礎的・基盤的な学修」という認識が必要
- 学校現場や教職に関する実際を体験させる機会の充実が必要
- 教職課程の質の保証・向上が必要
- 教科・教職に関する科目の分断と細分化の改善が必要

【全般的事項】
- 大学等と教育委員会の連携のための具体的な制度的枠組みが必要
- 幼稚園、小学校、中学校、高等学校及び特別支援学校等の特徴や違いを踏まえ、制度設計を進めていくことが重要
- 新たな教育課題（アクティブ・ラーニングの視点からの授業改善、ICTを用いた指導法、道徳、英語、特別支援教育）に対応した養成・研修が必要

【免許】〇義務教育学校制度の創設や学校現場における多様な人材の確保が必要

具体的方策

○養成・採用・研修を通じた方策～「教員は学校で育つ」との考えの下、教員の学びを支援～

現職研修の改革
- 【継続的な研修の推進】
  - 校内の研修リーダーを中心とした体制作りなど校内研修推進のための支援等の充実
  - メンター方式の研修（チーム研修）の推進
  - 大学、教職大学院等との連携、教員育成協議会活用の推進
  - 新たな課題（英語、道徳、ICT、特別支援教育）やアクティブ・ラーニングの視点からの授業改善等に対応した研修の推進・支援
- 【初任研改革】
  - 初任研運用方針の見直し（校内研修の重視・校外研修の精選）
  - 2、3年目など初任段階の教員への研修との接続の促進
- 【十年研改革】
  - 研修実施時期の弾力化
  - 目的・内容の明確化（ミドルリーダー育成）
- 【管理職研修改革】
  - 新たな教育課題等に対応したマネジメント力の強化
  - 体系的・計画的な管理職の養成・研修システムの構築

採用段階の改革
- 円滑な入職のための取組（教師塾等の普及）
- 教員採用試験の共同作成に関する検討
- 特別免許状の活用等による多様な人材の確保

養成内容の改革
- 新たな課題（英語、道徳、ICT、特別支援教育）やアクティブ・ラーニングの視点からの授業改善等に対応した教員養成への転換
- 学校インターンシップの導入（教職課程への位置付け）
- 教職課程に係る質保証・向上の仕組み（教職課程を統括する組織の設置、教職課程の評価の推進など）の促進
- 「教科に関する科目」と「教職に関する科目」の統合など科目区分の大くくり化

【現職研修を支える基盤】
- （独）教員研修センターの機能強化（研修ネットワークの構築、調査・分析・研究開発を担う全国的な拠点の整備）
- 教職大学院等における履修証明制度の活用等による教員の資質能力の高度化
- 研修機会の確保等に必要な教職員定数の拡充
- 研修リーダーの養成、指導教諭や指導主事の配置の充実

○学び続ける教員を支えるキャリアシステムの構築のための体制整備
- 教育委員会と大学等との協議・調整のための体制（教員育成協議会）の構築
- 教育委員会と大学等の協働による教員育成指標、研修計画の全国的な整備
- 国が大綱的に教員育成指標の策定指針を提示、教職課程コアカリキュラムを関係者が共同で作成（グローバル化や新たな教育課題などを踏まえて作成）

図10-1 これからの学校教育を担う教員の資質能力の向上について（答申のポイント）
中央教育審議会答申（中教審184号）より一部改変[6]

第2部
実践編

第11章 子どもを取りまく現状と課題 I
——子育て支援の現場から

  子育ての背景

親の養育態度
親などの養育者が子どもを育てる際にとる態度, 行動のこと。初期の研究として, キャッテルの因子分析による養育態度の分類やサイモンズの類型化の試みなどがある。

　昨今, 母親の子育てをめぐる様々な問題がクローズアップされている。「子育て困難」,「育児不安」,「育児ストレス」,「育児ノイローゼ」,「虐待」など母親を取り巻く問題は多く, 子育てに悩む母親は増えているのが実情である。

　現実問題として, 核家族化や少子化が進み, さらには女性の社会進出や共働き家族の増加 (図11-1) など, 共働きで子育てをする家庭が多くなり一般的になっているなど, 家庭環境が大きく変わろうとしている。このように現代の社会では, 核家族化や少子化により, 親だけが子育てを抱え込まざるを得なくなっている。多世代同居が定着していた時代は, 祖父母や親の姉妹が子育てをサポートしてきたが, 核家族化が進み, 母親にとってのサポート源は夫ということになった。母親にとって夫はもっとも身近な存在であり, 子育てのサポート役としての父親の果たす役割はきわめて大きい。父親がどの程度, 育児に参加しているかによって, また, 子育ての中でサポートしてくれる人がいるかいないかは母親の精神的負担の軽減にもなると考える。そのためにも, 子育て中の母親が安心して子育てができるよう支援する取り組み

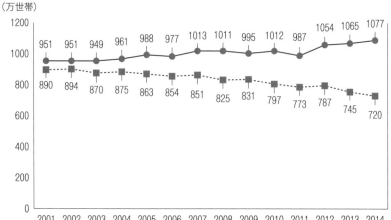

図11-1　2001年〜2014年　共働き等世帯数の推移 (内閣府 (2015). 結果をもとに著者作成)

が求められている。子育ての情報交換や悩みの共有ができる場をつくり，孤立・不安などから解放され安心して子育てができる地域社会をつくっていく必要があろう。

さらに，経済企画庁が1997年に実施した国民生活選好度調査[1] (回答者は第1子が小学校入学前の女性) によると，専業主婦のうち，「育児の自信がなくなることがよくある・時々ある」と回答した母親が70%，「自分のやりたいことができなくてあせることがよくある・時々ある」が74%，「何となくイライラすることがよくある・時々ある」が78.7%と，専業主婦の母親の育児不安が大きく，子育て中の母親は**育児不安**や**育児ストレス**を感じていることが判断できる。

育児不安
育児ストレス

子ども・子育て支援新制度

子ども・子育て支援新制度とは，2012年8月に成立した「子ども・子育て支援法」，「認定こども園法の一部改正」，「子ども・子育て支援法及び認定こども園法の一部改正法の施行に伴う関係法律の整備等に関する法律」の子ども・子育て関連3法に基づく制度のことをいう。

新制度では，共働き家庭だけでなく，すべての子育て家庭を支援するために地域の実情に応じた子ども・子育て支援（利用者支援・地域の子育て支援拠点・放課後児童クラブなどの「地域子ども・子育て支援事業」）の充実が挙げられている。これらの事業のうち主なものとして，利用者支援事業・地域の子育て支援拠点事業・一時預かり事業・乳児家庭全戸訪問事業・養育支援訪問事業・子育て短期支援事業・子育て援助活動支援事業（ファミリー・サポート・センター事業）が示されている。その中でも，「地域子育て支援拠点として地域の身近なところで，気軽に親子の交流や子育て相談ができる場所である。公共施設や保育所など，様々な場所で，行政やNPO法人などが担い手となって地域子育て支援拠点事業を行う」と記されている。

地域の子育て支援

さまざまな場所で子育て支援事業が実施されているが，その半数近くが保育所で行われている（図11-2）。子育て中の親同士のつきあいや，子どもを通しての地域の人々とのつながりや触れ合いが持ちにくくなっている現在，困

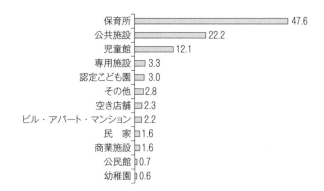

図 11-2　地域子育て支援拠点事業実施状況（％）
(厚生労働省（2014年度）．結果をもとに著者作成)

ったときに助けてくれる・頼れる地域とのつながりは，子育て中の母親にとっては大きな支えとなるはずである。そこで，ここでは実際に取り組まれている様々な領域での「地域の子育て支援」を紹介する。

1　保 育 所

『保育所保育指針解説書』（厚生労働省編）第1章 総則　2. 保育所の役割(3)子育て支援に「保育所は，入所する子どもを保育するとともに，家庭や地域の様々な社会資源との連携を図りながら，入所する子どもの保護者に対する支援及び地域の子育て家庭に対する支援等を行う役割を担うものである」と記されており，ここに保育所の役割の一つとして**「子育て支援」**が位置付けられている。

保育所の敷地内に子育て支援センターを置き，地域の子育て中の母子に開放している。園庭開放や育児相談，育児講座などを定期的に実施している。

2　幼 稚 園

幼稚園では，育児相談や体験入園などの子育て支援事業を展開している。「子育ち・子育て支援講座」などは講師を招き，育児や親子遊びなどの工夫について伝授を受けるなど，他にも「育児・就学前相談」，「体験入園」，「園庭開放」，「講演会」などを実施している。

また，育児・就学前相談は各園で実施し，臨床心理士や保健師・園長らが対応している。臨床心理士やキンダー・カウンセラーは，子育てに関する悩みや日々の暮らしの中で不安なことなどにも幅広く対応している。

「絵本の無料貸し出しサービス」を行い，保護者がより多く絵本の読み聞

子育て支援
　子どもが育っていく基盤となる両親，家庭における養育する力に対して，家庭以外のさまざまな機能が支援することをさして言う。現代は，家族の在り方が多様化し，母親の育児不安，離婚の増大など，子育てをめぐるさまざまな問題があり，それぞれの家庭のニーズに合わせた支援が求められている。

かせの時間が持てるようにと実施している園もある。

3　行政による支援

　子育て支援策に力を入れている行政がある。市の児童福祉課に保育者が担当職員として配属され企画を立案するとともに，子育て支援情報紙の発行・出前保育の実施・親子が自由に遊べるホールの運営などを行っている。2000年度に庁内に児童福祉課・男女共同参画課・市教委学校教育課など育児にかかわる課が一つとなり子育て支援連絡調整会議を設置したことが，子育て支援策が充実するきっかけとなった。

　市役所の敷地内にある保健センターのホールを，土日を除いた平日のほぼ毎日開放し，おもちゃで自由に遊べる場を提供し，時には保育者が育児相談に応じる。また，保育者が公民館へ出向き「出前保育」を実施している。

　さらに，年2回子育て支援情報紙を全戸配布し，子育て情報を提供している。情報紙の中には，「子育て何でも相談」などをはじめとし，教室や講座の募集など紙面狭しと情報が掲載されている。

　「子育て日曜サロン」，「プレ・パパ・ママセミナー」，「母親（父親）教室」，「保育サポーター養成講座」，「子育て・託児ボランティア講座」など母親を支援することが大切であるという観点から事業が組まれている。

4　NPO（非営利組織）による支援

　妊娠から出産，子育てまで，様々な悩みを抱える母親たちの支援センターを開設している。親子らが自由に使えるスペースや託児施設を設けているほか，助産師らが常駐して，出産経験のない母親の相談にも応じる。母親を幅広く応援できる地域密着型施設を目指している。

　妊娠中の母親や育児中の親子が集える場として無料のフリースペースを設けるほか，助産師が出産の悩みに答える態勢をとっている。また，託児や，訪問による育児支援も，有償ではあるが請け負っている。出産に関するホームページも開設し，母子同室の入院が可能な出産施設なども紹介しているほか，ホームページに寄せられる悩みにも答えている。親子の触れ合いの大切さを伝える講座の開催や子どもを巡るイベントも企画されている。

　NPOと公民館が連携し，親を対象とした「子育てと自分育てを楽しむ講座」として専門の講師を招き，講演会を実施している。子どもの舞台鑑賞などの文化活動と年齢に応じた子育て支援事業や放課後子どもの居場所づくり，

サポート事業などを行っている。

5 保健センター

　母子保健法が1994年に改正され，それまでは3歳児健診などの母子保健事業は「保健所」が中心になって実施されてきたが，母子保健法の改正にともない，1997年からは主な母子保健事業は各市町村に譲り移され，「保健センター」が乳幼児健診・育児相談・新生児訪問などの地域の子育て支援を担うようになった。子育て支援情報の提供や離乳食教室なども実施されている。

　地域の保健センターにおいても母子健康手帳の発行，乳幼児健診として4か月児健診・1歳7か月児健診・3歳6か月児健診をはじめ，「すくすく健診」（経過観察健診）と名づけ，小児科医等による個別健診や0～6歳児を対象に赤ちゃん相談も実施されている。赤ちゃん相談は育児・発達・栄養・歯科相談・身長や体重測定等が行われる。さらに，4～10か月未満児の保護者を対象に離乳食講習会を開いている。「のびのび相談」と名づけ，臨床心理士による個別相談も行われている。その他，第一子訪問や希望者のみではあるが新生児訪問，電話相談なども実施されている。

　乳幼児健診は，地域の子育て中の親子が出会える唯一の場であり，我が子の成長・発達を知る場でもあるので「保健センター」の存在は大きいと考えられる。

　健診に訪れた親子に，絵本を無料で配布し，絵本に親しんでもらうきっかけづくりになればと図書館と連携し実施している市もある。

6 子育て総合支援センター

　子育て家庭への情報提供や情報発信も行いながら，親子教室や子育て講座の開催，専門の保育者などによる子育ての相談などが行われている。同じ年頃の子どもを持つ母親同士が子育てについての話し合いや情報交換ができる「0歳児子育ておしゃべりサロン」なども実施され，父親と子どもが一緒に遊ぶプログラムも考えられている。

　地域には「地域子育て支援センター」もあり，主に保育所などに付設されている。母親と子どもが一緒にゆったり遊べるスペースを設けており，いつでも気軽に親子で遊びに行くことができる。保育者がおり子どもと一緒に遊んだり，育児相談も行われている。母親を対象とした育児講座も実施されている。

第 11 章　子どもを取りまく現状と課題 I ——子育て支援の現場から

7　公民館

　公民館の事業の中にも親子が自由に出入りできるフリースペースの実施がなされている。公民館に親子が集い，「育児プログラムなし，定員なし，誰もがいつでも気軽に」を運営方針とし申し込み不要，出入り自由で，良質のおもちゃ・絵本を用意した子どもたちのための「ひろば」を終日開放している。気軽に出かけられる，安心・安全な場所において情報交換ができる事業といえる。市の報告によると，『親子が集える「場」の提供・情報提供事業』として実施されている。決まったプログラムもなく，決められた曜日・時間・場所に親子が自由に出入りし自由に過ごす空間である。子どもたちは好きなおもちゃや絵本を手にし，自由気ままに過ごし，親たちは子どもの様子を伺いながら，親同士で自由に話をし，時には子育ての悩みを民生児童委員などに相談する。使われているおもちゃの一部は，地域の中学生が夏休みに子どもたちのために作ったものである。子育て支援事業の一環として，元保育者を講師として迎え，開放スペースを設けることで育児相談，子育ての悩み，情報交換等が気兼ねなくでき，育児のストレスを少しでも軽減できるような配慮もなされていた。

　子育て中の親子が気軽に集い，ホッとでき自由に過ごせる憩いの場である「**子育てサロン**」は，公民館でも開かれている。ここには，出会いがあり，仲間づくりがあり，情報交換の場でもあり，学びの場でもある。子育てサロンがきっかけとなり，子育てサークルへと発展しているケースもある。さらに，「助産師や保健師による妊産婦・乳幼児健康相談」として，保健師等が各公民館を巡回し，子育てに関することや乳幼児の健康などの相談に応じる事業も実施されている。小さい子どもがいることから，なかなか講座や講演会に参加できない親たちのために，「保育つき講座」が実施されているのは公民館の特徴の一つでもある。公民館としては，母親だけではなく，もっと父親

公民館
　幼児から高齢者までを対象に地域住民にとって最も身近な学習の拠点であり，交流の場としても重要な場でもある。
　子育てサロンなど数々の子育て支援事業が行われている。

子育てサロン
　子育て中の親子が地域の中で活動を通じて子育てを楽しみながら交流や仲間づくりを行う場である。

写真 11-1　南部公民館のフリースペース
（公益財団法人　奈良市生涯学習財団より）

写真 11-2　南部公民館の手作りのおもちゃ
（公益財団法人　奈良市生涯学習財団より）

第 2 部 実践編

にも参加してもらえるような事業を企画しているが，まだまだ参加者は少なく，父親の参加は大きな課題である。

8 ファミリー・サポート・センター

ファミリー・サポート・センターは，子どもを預かってほしい人を「利用会員」といい，預かることができる人を「協力会員」という。会員同士を結ぶ組織である。病気や仕事で子育てが困難な時や子育てに疲れてリフレッシュしたい時などに利用できる。ただし，利用の場合は有料となる。

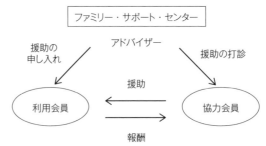

図 11-3　ファミリー・サポート・センターの仕組み
(一般財団法人女性労働協会，厚生労働省「子育て援助活動支援事業（ファミリー・サポートセンター事業）について」をもとに一部改変)

子育て支援の課題

　母親の育児負担を軽減するために，多方面で子育て支援がなされている。そして，行政なども「子育て支援」のために，子育て支援センター，ファミリー・サポート・センターの整備や役所内に子育て支援室，電話相談などを設置している。地域にも子育てサロンや子育てサークルがあり，子育て支援に関わる様々な取り組みが行われてきている。さまざまな事業が各方面で実施されているが，その内容はイベント型の活動が中心であり，参加者のみが支援対象となっており，限定された子育て支援であると考えられる。本当に必要としている，日々子育てに悩んでいる母親への支援の在り方や働きかけをいかにすべきかが課題である。
　また，公園デビューもできず，子育てサークルにも入れず家庭にひきこもっている母親も少なくはない。そういったひきこもりがちな母親をいかに子育てサロンなどの場に足を運ばせるかが大きな課題であろう。さらに，場所の確保も課題である。子育てサロンの活性化には，公的な施設を利用しやす

くするなどの支援も考えていかなければならない。就労している母親の支援も必要で，最近では企業内子育てサークルも発足しているが，まだまだ少ない。だが，各地に子育てサークル・サロンができ，親同士のつながりを支える動きが活発になってきているのも事実である。

『子ども・子育て支援新制度』にも記されているが，子どもが減少する中で，適切な育ちの環境を確保することも課題の一つであると考える。

子育て支援とは，親への支援が中心であるのか，子どもへの支援が中心であるのかといった点も明確にし，今後の子育て支援事業の実施に取り組んでいかなければならない。

【引用・参考文献】
1）経済企画庁（1998）．平成9年度 国民生活選好度調査 女性のライフスタイルをめぐる国民意識―勤労，家庭，教育 第3章 出生・育児に関する意識
（http://www5.cao.go.jp/seikatsu/senkoudo/98/19980219c-senkoudo.html）
2）内閣府（2015）．子ども・子育て支援新制度について（平成27年10月） Ⅰ．子ども・子育て支援新制度の概要（http://www8.cao.go.jp/shoushi/shinseido/outline/#gaiyo）
3）内閣府（2015）．男女共同参画白書 2001年〜2014年 共働き等世帯数の推移
4）厚生労働省 平成26年度 地域子育て支援拠点事業実施状況
5）矢野 正（2016）．子ども・子育て支援制度の最前線 教育保育研究紀要，2，pp. 31-38

▷▷▷ お薦めの参考図書 ◁◁◁

① 柏女霊峰（2003）．子育て支援と保育者の役割 フレーベル館
② 柏木惠子・森下久美子（編著）（1997）．子育て広場 武蔵野市立0123吉祥寺――地域子育て支援への挑戦―― ミネルヴァ書房
③ 垣内国光・桜谷真理子（2002）．子育て支援の現在――豊かな子育てコミュニティの形成をめざして―― ミネルヴァ書房
④ 中山 徹（2005）．子育て支援システムと保育所・幼稚園・学童保育 かもがわ出版
⑤ 独立行政法人 国立女性教育会館（編）（2004）．次世代育成と公民館――これからの家庭教育・子育て支援をすすめるために―― ヌエック・ブックレット2 国立印刷局
⑥ 今野雅裕（2002）．公民館子育て支援活動――地域の子どもが健やかに育つ―― 日常出版

第12章 子どもを取りまく現状と課題Ⅱ
── 小学校の現場から

1 子どもを取りまく現状

1 教育の現状

学習指導要領
全国のどの地域で教育を受けても、一定の水準の教育を受けられるようにするため、文部科学省が決めている教育課程（カリキュラム）を編成する際の基準。

不易と流行
いつまでも変化しない本質的なもの「不易」と時代とともに変化するもの「流行」。

不登校
身体的な病気や経済的理由など特別な原因が見あたらないのにもかかわらず、何らかの心理的要因によって登校しない、あるいは登校したくてもできない状態。

学習障害（LD）
知的発達に遅れはないが読む・書く・話す・計算などの特定分野で困難を伴う障がいをいう。

注意欠陥多動性障害（AD/HD）
多動性、不注意、衝動性を症状の特徴とする神経発達症もしくは行動障害。

　学習指導要領は、各学校種で教える学習内容の最低基準で、ほぼ10年に1度改訂されている。今回の改訂では、小学校では英語教科化やプログラミング教育の導入などが柱で、「課題解決型学習」（アクティブ・ラーニング）のような指導法の充実が論議されているのも大きな特徴である。次期学習指導要領は、小学校では平成32年から実施される予定である。

　急速に進むグローバル化に対応し、国際社会でも活躍できる人材を育成することが求められている。教育は社会の変化に無縁ではない。よく、教育における**不易と流行**という表現が用いられるが、いつまでも変化しない部分と社会の変化に応じて変わっていく部分を教育は併せ持っているといえよう。

2 不登校

　小学校で子どもをとりまく現状を考えるとき、大きな教育課題になっている**不登校**の現状について知っておく必要がある。不登校とは、「何らかの心理的・情緒的・身体的あるいは社会的要因・背景により、子どもが登校しない、あるいはしたくともできない状況にあるため年間30日以上欠席した者（ただし、病気や経済的理由によるものを除く）」をいう。不登校にはさまざまな分類があるが、文部科学省では、子どもの不登校状態が継続している理由をもとに、次のような分類を行っている。A．学校生活上の影響、B．あそび・非行、C．無気力、D．不安など情緒的混乱、E．意図的な拒否、F．複合、G．その他である。不登校が継続している理由については、「複合」・「不安など情緒的混乱」などが上位を占めている。

　不登校との関連で、新たに指摘されている課題として**学習障害（LD）**や**注意欠陥多動性障害（AD/HD）**などがある。これらの子どもは、周囲との人間関係がうまく構築されない、学習のつまずきが克服できないといった傾向が

あり，これらの状況が進み，不登校に至ったという事例も報告されている。

さらに，保護者による子どもの虐待など登校を困難にするような事例もあり，個々の子どもが不登校となる背景にある要因や直接的なきっかけは様々で，要因や背景は特定できないことも多いという点に留意する必要がある。

「平成29年度児童生徒の問題行動・不登校等生徒指導上の諸課題に関する調査」の結果をみると，不登校児童生徒の割合（平成29年度）は，小学校では0.54％（185人に1人），中学校では3.25％（31人に1人）である。また，学年が上がるにつれてその数は増加し，中学1年で急激に増加している（図12-1）。これは，学級担任制をとっていた小学校から，教科担任制の中学校に代わることも一因とされている。

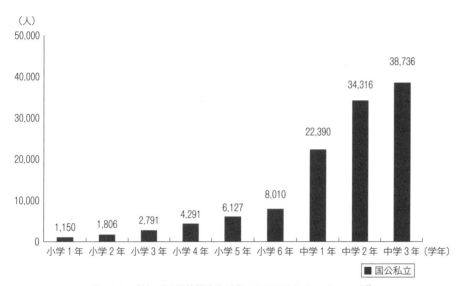

図12-1　学年別不登校児童生徒数（文部科学省（2018），p.74）[1]

今，小中連携が様々な学校で推進されているが，小学校と中学校の段差を無くし，不登校の子どもを出さないための取り組みを推進する必要がある。子どもを9年間の，いや幼稚園や保育園とも連携し，幼・小・中の長い期間で子どもの成長を捉え学習や生徒指導面の連携を推進し不登校の子どもをださない学校作りを行うことが重要である。

3　いじめ

不登校と並んで大きな課題としていじめがあげられる。いじめの定義は，「当該児童が，一定の人間関係のある者から，心理的，物理的な攻撃を受けたことにより，精神的な苦痛を感じているもの」（文部科学省）である。なお，起こった場所は学校の内外を問わない。

個々の行為が「いじめ」に当たるか否かの判断は，「表面的・形式的に行うことなく，いじめられた児童生徒の立場に立って行うものとする」とされている。「いじめられた児童生徒の立場に立って」とは，いじめられたとする児童生徒の気持ちを重視することであり，子どもが心身の苦痛を感じたら「いじめ」と考え，対応をとることが必要である。

平成26年10月に文部科学省から発表された「平成25年度児童生徒の問題行動等生徒指導上の諸問題に関する調査」の結果をみるといじめの認知件数は，小学校118,805件（前年度117,384件），いじめを認知した学校数は20,004校（前年度22,273校）である。いじめの発見のきっかけは，「アンケート調査など学校の取組みにより発見」が52.3%（前年度53.2%）でもっとも多く，「本人からの訴え」16.8%（前年度15.9%），「学級担任が発見」12.8%（前年度12.8%）となっている。

いじめられた児童生徒の相談の状況は「学級担任に相談」が72.7%（前年度72.8%）でもっとも多い。いじめの態様のうちパソコンや携帯電話等を使ったいじめは8,787件（前年度7,855件）で，いじめの認知件数に占める割合は4.7%（前年度4.0%）と増加傾向にある。いじめの日常的な実態把握のために，「アンケート調査」や「個別面談」，「個人ノート」などを実施している学校が多く，いじめの認知にも役だっている。

いじめ防止対策推進法が制定され，地方自治体や学校において「**いじめ防止基本方針**」を策定し，ホームページに載せて周知しているところも多い。

いじめ防止基本方針
いじめ防止対策推進法をふまえ，いじめの防止のための取り組みや重大事態が発生した場合の対応について定めたもの。

4 学級崩壊

学級崩壊という言葉をきいたことがあるだろうか？ 何をもって学級崩壊とするのかは議論のあるところだが，学級が落ち着かず，教師の指示が届かない状態を想像してほしい。教師は"自分は子どもとのコミュニケーションがとれているので大丈夫"，"自分には関係ない"と思っているかもしれないが，教育現場では，学級崩壊は初任者の学級でもベテランといわれている先生の学級でも起こっている。

教師の指示が通らず，学級としての機能が働かない状態，いわゆる学級崩壊は，いくつかの要因が重なるとどの学級でもおこる現象である。その要因は，以下の4つである。

① 子ども，② 保護者，③ 組織，④ 教師

この4つの要因が学級崩壊のひきがねとなり，これらの要因が重なった時，

学級は崩壊を起こすのである。

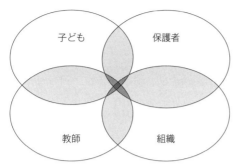

図 12-2　学級崩壊の要因

　学級崩壊の要因について触れておきたい。一つ目の要因は，学級を構成する子どもである。近年の子どもたちはコミュニケーションをとるのが下手で友だちとのつながりも希薄になってきているといわれている。自分で考えて行動するのではなく流される傾向をもっている。極端な場合，学級ルールを守らない一人の転入生が，教師より影響力を持ち，学級を崩壊へと導くかもしれないのである。

　次の要因は，学級の保護者である。"自分の子どものことしか考えない""自分の子どものいうことしか信じない"という保護者が増えている。中には理不尽な要求を学校や担任に突きつけてくる保護者もいる。いわゆる**モンスターペアレンツ**である。学級全体を考えて指導をしていても保護者から毎日のように我が子中心の苦情や要求を突きつけられては，学級の的確な運営に支障をきたし，それが崩壊のひきがねとなってしまうのである。

　さらに，いうまでもないが，教師自身の問題である。教師の考え方が硬直的で子どもや保護者とのコミュニケーションを欠く場合は，学級崩壊を起こす可能性が大きいといえよう。子どもたちや保護者は，"どうせ先生はわかってくれない"との思いをいだき学級に対する不満が膨らんでいくからである。それから，教師の"心の健康"も大切である。教師の休職者の増加が問題になっているが，その原因の中でも年々増加しているのは**精神疾患**によるものである。文部科学省の調査によると，平成 25 年度に精神疾患により休職した教員（公立学校）は，5,078 人にのぼる。ざっと 7 校に 1 人の教員が精神疾患で休職した計算になる。精神疾患によってダウンする事態が，他人事ではない時代になっているのである。教職員の専門病院である近畿中央病院を受診した教員のデータから，「生徒指導の一環として保護者対応が絡んできて，同僚や管理職との人間関係も大変になるという連鎖がおこり，ストレスが増大しダウンするという教員が多い」ことがわかる[2]。精神疾患になる教員は 50 代のベテラン教員から初任者教員まで様々である。教師の"心の

モンスターペアレンツ
　学校などに対して自己中心的かつ理不尽な要求をする保護者をいう。

精神疾患
　原因によって心因性，外因性，内因性などの分類がある。「うつ病」はストレスや生活環境などのなんらかの原因によって，脳内の神経の情報を伝達する物質のバランスが崩れることによって引き起こされると考えられている。

心の病

病"は，教師を疲弊させそれが学級崩壊に繋がっているのである。

　そして，教師や子ども，保護者を取り巻いている環境も大切である。"学級崩壊を起こすのはその教師に力がないからだ"とその原因を一つに決めつけ，学級崩壊に対する処方箋をもたない学校組織だと，学級のほころびを隠す方向に教師のベクトルが動き学級崩壊を起こす危険性が高まる。

　学級崩壊を起こす要因は一つではない。しかし，だれの側にもある要因ばかりである。昨年うまくいったからといってその学級経営がそのまま今年も使える訳ではない。だれでもが学級崩壊を起こす可能性を持っていると考えておくことが大切である。

　学級崩壊になった学級の様子を紹介する[3]。小学校5年生で31名（男子16名・女子15名）の子どもが在籍する学級である。その学級の子どもたちは，教室の扉が壊れても教室においてあるオルガンやゴミ箱などを乱雑に扱っても平気な顔をしていた。「死ね」，「むかつく」，「めんどい」，「くさい」などの言葉を平然と使用し，発言力のあるやる気のない子どもが勝手に学級のルールを決め，「きしょい」，「くさい」といって特定の子をいじめていた。"教室が安心できない""こわい"といって不登校になる子どもも現れ，休み時間が過ぎても教室に入らないグループや授業中に当然のようにトイレにいく子が学級を落ち着かない状態にしていた。ルールが存在しない荒れた教室の中にいる学習意欲が低い子どもたちが教師の指示に従わない状況である。

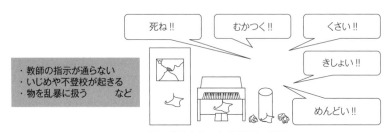

図12-3　学級崩壊を起こした学級の様子

　学級崩壊を学校の緊急課題として位置づけ，援助チームを作って対応することが必要である。言葉を換えていうならば，短期間で学級崩壊から立て直しをするという共通認識を職員室のみんなが持ち，学校の危機，最優先課題としてその"痛み"を共有するということである。

　学級崩壊がおこって担任が病欠で休む事態になると誰がその後を担任するかが職員室の関心事になり，一部の力がある教師，中でも担任をもっていない専科の教師がその候補に挙がる。そして，校内の会議（多くの場合，校内の会議の前に管理職と新担任となる教師の間で事前に話し合いがあり，すでに内諾がある状態）で新担任が決まると後は，その人に任せっきりになるケースが

多い。この場合だと新担任になった教師の負担が大きく、学級崩壊からの立て直しに一人で挑むことになるため長い時間がかかってしまい、その教師が担当していた教科などの「抜けた穴」を一部の学年の教師が負担することになる。たとえば理科の専科教員が新担任になった場合、今までその専科教員が担当していた5,6年の理科の授業は担任に返されることになり、十分な教材研究や学年間の話し合いが不十分なままそれぞれの担任が授業を担当することになる。十分な教材研究のない授業は、"わからない""おもしろくない"授業となって子どもたちに跳ね返ってくる。

学級崩壊が長引くということは、「教師は自信を失い、子どもたちは自己肯定感を低下させ、学校組織も偏ったものになりひずみが生じる」ことを意味する。だから、短期間で学級を立て直すことが必要である。学級崩壊は、子ども達に学力や自己肯定感の低下、問題行動の増加という形で「傷」をつけるだけでなく教師にも自信の喪失や精神疾患の増加という心の「傷」を与えるのである。そのためには、以下の4つのポイントを押さえ、チームで学級崩壊に対応することが重要である。

教育相談
児童生徒の学校生活における学習相談、生活相談、進路・就職相談などを包括する呼び名。学業不振、非行、いじめや不登校などから受験まで、子どもや親の悩みに対応。

---

① 援助チームを作る
② 教科担任制、TT授業を導入する
③ 教師と子どもの教育相談を実施し子どもとの関係を改善する
④ 保護者と連携する

---

2 課題への対応

1 ガイダンスカリキュラム

(1) ガイダンスカウンセラー

ガイダンスカウンセラーという言葉をご存じだろうか。

ガイダンスカウンセラーとは、幼・小・中・高校や特別支援学校、大学などにおいて、子どもの学習面、人格・社会面、進路面、健康面における発達を援助する専門家である。すべての子どもの発達課題に対する一次的援助サービス、苦戦している子どもの二次的援助サービス、不登校や発達障害などで特別な教育ニーズがある子どもに対する三次的援助サービスをリーダーあるいはコーディネーターとして行い、さらに地域と連携して子どもたちの支援にあたるとともに、家庭の支援を行う者である。

今，教育をめぐる情勢はこれまでにない大きな変革のうねりの中にある。子どもたちに「生きる力」を育成するため，管理職は明確な経営ビジョンを示し，教職員の組織の活性化を図り，創意ある教育課程の編成や実施，評価，改善を着実に進めていかなければならない。また，これからの教育には，子どもたちが課題を乗り越えるためのしなやかな知性や心を育てることが求められている。その上で大きな役割を担うのがガイダンスカウンセラーである。

さまざまな学校で，チーム対応が行われ，**ケース会議**が開かれている。ただ，いじめや不登校といった問題が起こってから開かれることが多く，情報を共有するだけで時間がかかりその対応の検討が十分でない場合も多い。問題が起こってからケース会議を開くのではなく，問題を未然に防ぐことができたら傷つく子どももなく，教職員の負担も減るのではないだろうか？

ひとたび問題が起こればそれに対応するために多大な時間と労力をはらうことになる。未然に防止するためにも，ぜひガイダンスカウンセラーの一次的援助サービスや二次的援助サービスを活用したい。

全国的には，ガイダンスカウンセラーがいる学校はまだ少数である。多くの学校ではスクールカウンセラーとして**臨床心理士**が教育相談などを担当しているところが多いのではないだろうか。臨床心理士が心のスペシャリストとして子ども達や教員・保護者などの相談にのってその成長に関わってきた実績はけっして小さなものではない。しかし，原則相談をしたいという人がいて初めて教育相談という支援が開始されることになるので，学校現場では「教育相談に繋ぎたいのだけれど（児童や保護者が）希望しないのでしかたがない」という声があがっている。本当に支援の必要な児童や保護者に支援が届かないのである。

それに対して，ガイダンスカウンセラーの一次的援助サービスは，すべての子どもが援助の対象であり，ガイダンスカウンセラーは授業などを通して子どもと繋がることができるのが利点である。臨床心理士の中には，授業（多くの子どもたちを対象にした集団指導）をあまり得意としない方もいて，積極的に授業を行い，いじめや不登校を未然に防止しているかというと充分とはいえないのが現状である。

相談室で相談に来る人を待つのか，積極的に未然防止に努めるのかという違いが両者には存在している。

ガイダンスカウンセラーは基礎資格として，学校カウンセラー，学校心理士，キャリア・カウンセラー，教育カウンセラー，認定カウンセラー，臨床発達心理士のいずれか，もしくは複数の資格をもち，それらの上位資格としてガイダンスカウンセラーの認定を受けている。すでに起こった問題に対す

ケース会議
解決すべき問題や課題のある事例を個別に深く検討することによって，その状況の理解を深め，対応策を決める会議

臨床心理士
心の病や悩みをもつものと対面し，言語的あるいは行動的に心の健康回復を支援する人。スクールカウンセラーとして学校に一番多く配置されている。

る個別面談だけでなく，予防・開発的に，教室での授業（集団指導）や学校組織のチーム対応，教師へのコンサルテーションなど多様な方法を用いて，学校教育の充実に資することをめざしている。学校にとって力強い「応援団」ということができよう。

（2）ガイダンスカリキュラム

　ガイダンスカリキュラムとは，こどもたちの発達を促進する計画的継続的な参加体験型の授業のことである。

　アメリカでは，ガイダンスカリキュラムがスクールカウンセリングの中心である。生徒指導の面からもこどもたち全員を対象に予防・開発的指導を行うことが必要であると考えられているからである。

　千葉県では小1から中3まで年間4時間，「豊かな人間関係づくり実践プログラム」を全県で実施している[4]。低学年では，コミュニケーションの力，中学年では共感，お互いを理解し合う力，高学年では，問題解決や発言に責任をもつ力，中学1年ではクリティカルシンキング（物事を多面的な角度から考える力），中学2年ではセルフコントロール力，中学3年では意志決定力の育成を目指している。1時間の流れは，以下の通りである。

> ① 授業の流れを確認する
> ② 本時のめあてを確認する
> ③ モデルを提示する
> ④ こどもたちの活動
> ⑤ まとめ
> ⑥ 振り返り

　まとめでは，プリントなどを用いて，学んだことを概念的に整理するようにしている。「楽しそうに取り組んだ」，「周りの人のことを気にかけるようになった」，「人の話を聞くようになった」，「あいさつが多くなった」，「トラブルが少なくなった」などの成果が報告されている。また，県の教育委員会では，県内のプログラム実践校などの教員を講師に初任者研修の中の一コマとして実施し，教師にガイダンスカリキュラムを行う上で必要な力を身につけられるようにしている。

　ガイダンスカリキュラムは，「授業型の生徒指導」とも呼ばれている。同じ中学校ブロックで保・幼・小・中で連携をしてカリキュラムを作成すれば，より計画的で継続的な指導が可能となり，子どもたちのすこやかな成長に繋がっていくことが期待できる。

　子どもたちのすこやかな成長のためには，不登校やいじめ，学級崩壊など

の教育課題を未然に防止する視点をもつことが必要である。

2　対応のポイント

　小学校を取りまく現状と課題について述べてきたが，課題に真摯に向き合い対応を考えることが大切である。対応のポイントとして，以下の4点をあげることができる。

---
① 未然防止の視点をもつ
② チームで対応する
③ 保護者と連携する
④ ガイダンスカウンセラーなど外部の関係機関と連携する

　いじめや不登校，学級崩壊といった課題が起こってからその対応を考えるのではなく，未然防止の視点をもつことが必要である。すでに述べたように，ガイダンスカウンセラーやガイダンスカリキュラムなどを活用して，すべての子どもに集団指導を行い，保護者とも連携して子ども達の成長を促すことが重要である。教師という仕事は，子どもの成長にかかわることができる素晴らしい仕事である。子どもの成長のために保護者や関係機関などと協力して前向きに教育課題に向き合うことが求められている。

【引用・参考文献】
1）文部科学省（2018）．平成29年度児童生徒の問題行動・不登校等生徒指導上の諸課題に関する調査結果について（http://www.mext.go.jp/b_menu/houdou/30/10/__icsFiles/afieldfile/2018/10/25/1410392_2.pdf　2019年7月6日参照）
2）井上麻紀（2015）．教師の心が折れるとき　pp.24-25　大月書店
3）矢野 正・宮前桂子（2011）．教師力を高める学級経営　pp.146-177　久美出版
4）宮前桂子（2016）．未然防止の視点をもとう　pp.70-72　大阪府公立小学校教育研究会「OSAKA教育新潮」208号

▷▷▷　**お薦めの参考図書**　◁◁◁

① 矢野 正・宮前桂子（2011）．教師力を高める学級経営　久美出版
② スクールカウンセリング推進協議会（編）（2011）．ガイダンスカウンセラー入門　図書文化
③ 中島一憲（2006）．教師のメンタルヘルスQ＆A　ぎょうせい
④ 石上浩美（編著）（2015）．保育と表現　嵯峨野書院
⑤ 矢野 正（2018）．生徒指導・進路指導論　ふくろう出版

資料　いじめ防止基本方針（例）

令和元年度　いじめ防止基本方針

A市立〇〇小学校

（目的）
第1　いじめは，「どの子どもにも，どの学校でも起こりうること」であり，いじめを受けた児童の心身の健全な成長及び人格の形成に重大な影響を与えるのみならず，その生命又は身体に重大な危険を生じさせる恐れがある。以下，「いじめは絶対に許されない」学校を構築するため，「いじめの防止」「早期発見」「いじめに対する措置」等に関する基本方針を定める。

（いじめの防止）
第2　いじめを未然に防ぐため，次にあげる事項に努める。
1　児童一人ひとりの尊厳が守られ，いじめに向かわせないための未然防止に，すべての教職員が取り組む。
　(1) 日常的に児童の行動の様子を把握する。
　(2) 欠席日数と出席状況等を注視し，情報を共有する。
　(3) 「いじめ・不登校防止コア会議」の機能性を高める。
　　　（組織は，管理職・首席・生徒指導担当者・事務職員・各学年担当者・支援担当者・特別支援コーディネーター・養護教諭・教育相談員，SSW〔スクールソーシャルワーカー〕その他の関係者により構成する）
　(4) いじめの防止等に関する年間計画を策定する。
　(5) 計画的に校内研修を行う。
　(6) 年間計画を策定・改訂する際，PTA・学校評議員に意見を求める。

2　いじめについての共通理解を図り，児童・生徒がいじめに向かわない態度・能力を育成するとともに，いじめが生まれる背景を把握し，自己有用感や自己肯定感を育み，児童自らがいじめについて学ぶ取組を進める。
　(1) 教育活動全体を通じた道徳教育や人権教育を充実する。
　(2) 読書活動や体験活動等を推進し，幅広い社会体験や生活体験の機会を設ける。
　(3) 言語活動を充実させ，児童のコミュニケーション能力を向上する。
　(4) 児童会活動を活性化し，児童自らが「いじめ撲滅」に取り組む姿勢を育む。
　(5) ともに学び，ともに育つ教育環境づくりを進める。
　(6) インターネット等で行われるいじめを防止し，効果的に対処することができるよう，児童への情報モラル教育および保護者への啓発活動を進める。

（早期発見）
第3　いじめを早期に発見するため，次にあげる事項に努める。
1　児童が示す小さな変化や危険信号を見逃さないよう積極的にいじめを認知するためのアンテナを高く保ち，早い段階から複数の教職員で的確に関わるとともに，暴力を伴わないいじめや，潜在化しやすいグループ内のいじめなどにも注意深く対応する。
　(1) 日常の児童相互の人間関係を把握し，ささいな兆候も教職員間で共有する。
　(2) 学校生活アンケートを学期に1回実施する。
　(3) 教育相談日（毎週火曜日）のうち，毎月第3火曜日を「いじめ相談日」とし，いじめの当事者（含む保護者）やいじめ周辺者（含む保護者）からの情報の収集に努めるとともに，大阪府電話相談窓口等，各種の教育相談機関の周知を図り，教育相談体制の充実に努める。

（いじめに対する措置）
第4　いじめを発見・通報した場合は，次にあげる事項に努める。
1　発見・通報を受けた場合は，特定の教職員で抱え込まず，速やかに学年所属教職員または，生徒指導委員会で対応するとともに，「いじめ・不登校防止コア会議」に報告・相談する。また，被害児童を守り，加害児童の社会性の向上や人格の成長に主眼を置いた指導を行う。
　(1) いじめと疑われる行為を発見した場合は，その行為を制止し，相談や訴えがあった場合は，被害児童および相談者の安全を確保しながら，事態の把握に努める。
　(2) 事態の軽重に関わらず，その日のうちに保護者へ事実関係を伝える。
　(3) 被害児童に寄り添い，支える体制づくりを行い，必要に応じて加害児童を別室指導や出席停止とする。
　(4) 好ましい集団活動を取り戻し，新たな活動を踏み出すために，必要に応じて警察等関係諸機関の協力を得る。
　(5) いじめを見ていた児童に対しても，自分の問題としてとらえるよう指導する。
　(6) いじめが犯罪行為として取り扱われるべきものと認められる場合には，市教育委員会と連携し，また警察署と相談して対処する。児童に重大な被害が生じる恐れがある時は，直ちに警察署に通報し，適切に援助を求める。
　(7) 「組織的な対応の流れ」を策定し，早期解決に努める。

2　重大事態が発生した場合は，調査チームが初動調査から実態の把握・分析等を一括して行うとともに，市教育委員会に報告し，事態の早期解決に努める。
　(1) いじめにより被害児童に重大な被害が生じた疑いがある場合や，いじめにより欠席を余儀なくされている疑いがある場合等は，調査チームによる調査を行い，事態の早期解決に取り組む。
　(2) 調査チームは，被害・加害児童からの聴き取りや質問紙によるアンケート調査の実施等を速やかに行い，その調査結果を被害児童およびその保護者に対して報告するとともに，改めて，要望や意見を十分に聴取する。
　(3) 必要に応じて，被害児童およびその保護者の所見を添え，市教育委員会に報告する。

（その他）
第5　この基本方針は，取組の進行状況の確認や，課題解決に至っていないケースの検証等，学期ごとに検討を行い，児童の実態に応じて計画を見直す。

第13章 子どもを取りまく現状と課題Ⅲ
── スマートフォン時代の子どもたち

  スマホ時代を生きる子どもたち

ネット依存
ネットに夢中になる様子が，薬物依存等と似ているのでよく使われるが，まだ正式病名ではない。

高額課金
ネット上でお金を使うことを課金と呼ぶ。子どもたちがつい高額に課金してしまうことが問題になっている。

　ネット依存，**高額課金**，拡散・炎上等，マスコミでは連日，子どもたちとインターネット問題についての報道がなされ，社会問題になっている。

　子どもとインターネットの問題の研究は，国内では，「サイバー型いじめ(Cyber Bullying)の理解と対応に関する教育心理学的展望」(小野・斎藤，2008)等のネットいじめ関連の研究が多く行われてきた。2008年以降，ガラケー(従来型携帯電話)が普及し，トラブルがいじめだけでなく，多岐にわたってきたため，ワンクリック詐欺疑似体験教材の開発(新谷・長谷川，2013)，デモンストレーションを行った教材開発(鈴木ら，2012)等，悪意のあるトラブルへの対応のための体験教材の開発が近年進められ，ネット上で青少年が被害に遭わないための対応実践の研究の結果，体験型プログラムの有用性が示されている。2012年頃から，子どもたちにもスマートフォンが普及しはじめ，小学生にまで被害が移りつつあり，より若年層をターゲットにした研究が必要である。小学生対象の研究は，津田ら(2015)の実態調査等があり，具体的な対策も進み始めている。これらの研究の中には，対策まで踏み込んだものもあり，それぞれの時期に効果的であったが，ガラケー(従来型携帯電話)等でのメール等でのやりとりを基本としており，現在のLINE等が子どもたちのやりとりの中心になっている状況には，そのままはあてはめることは難しい。

　本章では，このような研究背景をもとに，子どもたちとインターネットの問題について論ずることとする。

  携帯電話の急激な広がり

　子どもたちのインターネット環境も激変している。携帯電話，とくにスマートフォンが急速に普及している。

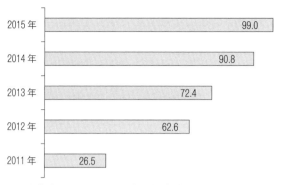

図 13-1　高校生スマートフォン使用率（%）(デジタルアーツ (2015).)

• スマートフォンの普及

　図 13-1 は，高校生のスマートフォン使用率の推移である。2011 年は 26.5％であったが，2015 年には 99.0％である。ほぼ全員がスマートフォンを使っていると考えてよいだろう。そのため，クラスや部活動の連絡等にスマートフォン，主に LINE 等が使われることが多くなり，そのことがさらにスマートフォンの普及を後押ししている。

　総務省等，他の調査では，高校生の所持率は 95〜97％の場合が多いが，図 13-1 では，99.0％であり，この差は「使用率」と「所持率」の違いである。子どもたちの一部は，自分のスマートフォンを所持していないが，保護者のお下がりを Wi-Fi 経由で使用している場合もある。小中学生の場合は，さらに音楽プレーヤーやゲーム機等からのインターネット接続も多い。この現状を考えると，子どもたちと携帯電話等の問題を考えるときは，所持率ではなく使用率を利用するべきだろうが，現状においてこういった調査はまだ少ない。

3　ネット問題の低年齢化

　インターネット問題は，以前は中高生だったが，小学生に広がり，最近では「スマホ育児」という言葉も聞かれる。問題の急速な低年齢化が始まっている。本節では，低年齢化に焦点を当てて論を進める。

1　ケータイ・ネィティブ 2 世

　図 13-2 は，2014 年 7 月，私たちの研究室が兵庫県川辺郡猪名川町のすべての小中高校生 3,928 人に行った「携帯電話所持率調査」の結果である。高校生はほぼ全員がスマートフォンを持っており，中学生も所持生徒が過半数

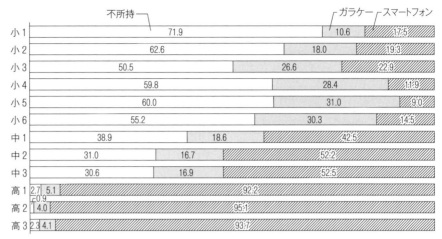

図 13-2　猪名川町携帯電話所持率（%）　2014 年 7 月調査

を超えている。前述の通り，実際には保護者のスマートフォンを借りていたり，音楽プレーヤー等からの接続も多く，実態はこの数字以上だと考えて良いだろう。

　さらに注目すべきは，小学 3 年生で，一度目のピークを迎えていることである。図上では，4 年生で一端所持率が下がり，そこから高校生まで途切れることなく上昇している。小学 3 年生でピークを迎え，4 年生で一旦所持率が下がる理由がよくわからなかったので，現地で聞き取り調査を敢行したところ，2 つの理由が判明した。

　1 つ目は親の問題。小学 1 年生〜3 年生までの保護者はケータイ・ネィティブ，つまり学生時代からケータイを使いこなしている世代である。両親共にスマートフォンを駆使しているので，自宅に「家電」，固定電話が必要なく，そのため子ども専用の携帯電話が必要となった。つまり，この子どもたちは「ケータイ・ネィティブ 2 世」なのである。ネット問題で子どもたちが問題を起こしはじめるのは，今のところ 5 年生くらいだと言われている。今は水面下で見えない課題が 2017 年くらいには日本中で噴出する可能性が高い。この数字は兵庫県の小さな町のデータなので，この数字で日本全体を語るのは危険である。今後の全国レベルの調査が待たれるところである。「ケータイ・ネィティブ 2 世」はその後もどんどん成長し，数年後には中学校に入学する。その頃，確実に世の中は変わってきているだろう。

　2 つ目は GPS 機能についてである。連れ去り等の事件が多発しているので，幼児を持つ保護者が防犯目的で子どもに持たせている場合が多くあった。幼児が狙われたら危ない，という親心だろう。

　「防犯のために子どもにスマートフォンを持たせています」

　「GPS があるので，子どもに持たせると安心です」

GPS 機能
　人工衛星からの情報を使って，端末の位置情報を把握することができる機能。

「外にいてもLINEや電話で連絡がすぐに取れるので安心できる」

実際に猪名川町の母親から聞いた言葉だが，とても危険だと感じた。連れ去り等にスマートフォンの持つ力はとても小さい。子どもがスマートフォンを持っていても連れ去るのは簡単である。連れ去りの恐怖を感じた瞬間には，親に電話したり110番通報したりする余裕はない。また，GPSで位置がわかるといっても，連れ去る犯人は当然，子どもの携帯電話を確認して捨てるだろう。LINEや電話で安全確認ができれば確かに安心するが，それは「まだ連れ去られていない」ことがわかるだけで，防犯には実は無力である。親の気休めにしかならない，というのが現段階での私見である。逆に親のそんな気休めが，子どもたちが夜に出歩く口実になってしまっているとしたら非常に危険である。

LINE
子どもにもっとも使われている。無料通話アプリだが，一度に複数でやりとりする「グループチャット」が人気。

2　スマホ育児

最近では，スマートフォンを使った育児，「**スマホ育児**」が話題になっている。文字通り，育児にスマホを活用する例が増えてきているという。

図13-3は，幼児のスマートフォン，タブレット等の情報端末の使用率（総務省，2015）だが，4歳児で4割を超え，0歳児でも1割を超えている。0歳児は勝手に操作できないので，保護者が使わせていることが予想される。さらに図13-4は，その使用端末だが，過半数がスマートフォンである。持ち運びが簡単だし，保護者が日常的に使っているからだろう。

スマホ育児
スマートフォンのアプリを使ってする育児。若年の母親を中心に増えてきており，社会問題になっている。

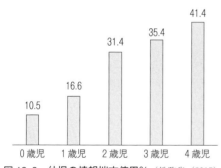
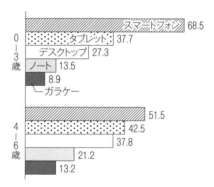

図13-3　幼児の情報端末使用%（総務省（2015）．）　　図13-4　使用端末（総務省（2015）．）

先日，ある地域の幼稚園園長たちと話す機会があったが，多くの方が，スマートフォンにまつわる保護者の変化を嘆いていた。

「昔は登園途中，手を繋いで道ばたのお花を見たりしていたのに……」，「今は，子どもに勝手に歩かせて，自分はスマートフォン……」，「子どもが話しかけても上の空……」幼児期の情報端末使用が子どもたちに与える影響

また，最近，「スマホ育児」が話題になっている。有名なのは，鬼が出てきて状況に応じて叱ってくれるアプリだ。日本には「なまはげ」等，鬼を使って子どもを怖がらせていうことを聞かせる文化があるので，伝統的な子育て方法だとも考えられるが，議論の分かれるところだろう。

実際，ある幼稚園の保護者会で賛否を問うと，「どうしても言うことを聞かせたいときには便利」という賛成派と「親がしっかり叱るべき」という反対派が混在していた。育児にスマホが活用されるようになってからまだ充分な時間が経っていないので，もちろん結論は出せないが，今後この問題については，充分な検証が必要である。幼児自身は自分で判断することができないので，大人の側での充分な配慮のもと使わせる必要があるだろう。

中学生のネット利用の現状

次の図は，2015年，石川県中学生，3,192人対象の携帯電話についてのアンケート結果で，「ネット使用しない」，「2時間以内」，「3時間以上」ごとに，それぞれの回答についてクロス集計したものである。

「12時以降に寝る％」の図では，「しない」つまりネット使用1日0分と答えた生徒で12時より遅く寝ると答えたのは18.7％。「2時間以内」つまりネット使用1日2時間以内23.2％で，「3時間以上」つまりネット使用1日3時間以上は41.5％だった。「3時間以上」が「しない」の倍以上である。

「イライラすることがある％」の図では，「しない」は18.2％，「2時間以内」16.1％，「3時間以上」25.7％だった。3時間以上がもっとも割合が高い。

「勉強に自信がない％」の図では，「しない」は23.0％，「2時間以内」24.1％，「3時間以上」36.6％だった。これも3時間以上がもっとも割合が高い。

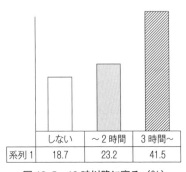

図13-5　12時以降に寝る（％）

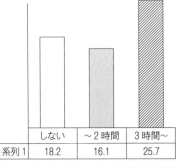

図13-6　イライラすることがある（％）

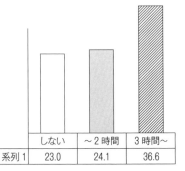

図13-7　勉強に自信がない（％）

この結果を中学3年生3人に示して、彼らにその理由を考えてもらった。

> Aくん「寝るの遅いのはゲーム。パズドラとかモンスト」
> Bさん「女子もゲームするけど、LINEのやりとりが多いかな」
> Cさん「次の日、話題についていけなくなるからなぁ」
> Aくん「男子も似たようなもん。夢中になって勉強どころじゃない」
> Cさん「あと、YouTubeとかの動画サイトに夢中になったりね」
> Bさん「で、成績がた落ち」
> 一同　「あるある！」
> Cさん「で、親に叱られイライラ」
> Aくん「既読無視でイライラも！」
> Bさん「そう、ケンカもよくある」
> Aくん「ストレス解消でスマホ」
> Bさん「悪循環！」
> Cさん「悪の無限ループ！」
> Aくん「受験生だから最近10時終了ということにしてる」
> Bさん「女子でそれやったら気まずくなりそう」
> Cさん「男子は単純でいいね。女子は難しい」
> Aくん「お母さんが鬼になってるとかいってる（笑）」
> Cさん「私もお母さんを悪者にしてる」
> Bさん「いい考え、真似しよ！」
> Aくん「ゲームはやめられない」
> Cさん「それは……」
> 一同　「難しいなぁ」

ネットゲーム
「パズル&ドラゴン」、「モンスターストライク」等のゲームが子どもたちに流行している。

　子どもたち自身の意見はこれからの方向性を考える上での指針になるだろう。男子はゲーム、女子はLINE。男女問わず、動画を延々見てしまう。結果的にイライラしたり、勉強が手に付かなかったりしてしまうと子どもたちは言い、その様子を「無限ループ」と表現する。
　子どもたちだけでの解決は難しく、保護者や地域全体を巻き込んだルール作りが必要だろう。

5　情報モラル教育の必要性

（1）情報モラル

　このような現状をふまえて、文部科学省をはじめ、教育委員会や学校現場では、**情報モラル教育**の必要性が説かれることが多い。

情報モラル教育
　文部科学省は日常のモラル指導と情報社会の特性の理解が重要としており、ネット問題だけではない。

「情報モラル教育実践ガイダンス」文部科学省国立教育政策研究所（平成23年）には情報モラルを「情報社会で適正な活動を行うための基になる考え方と態度」と記している。誹謗中傷やいじめ，犯罪や違法・有害情報などの問題が発生している現状情報社会に積極的に参画する態度を育てることは今後ますます重要とし，情報モラル教育の目標を「情報手段をいかに上手に賢く使っていくか，そのための判断力や心構えを身に付ける」こと，としている。さらに，学習指導要領には以下のように記されている。

（2）学習指導要領

小学校　第1章　総則「指導計画の作成等に当たって配慮すべき事項」

> 各教科等の指導に当たっては，児童がコンピュータや情報通信ネットワークなどの情報手段に慣れ親しみ，コンピュータで文字を入力するなどの基本的な操作や情報モラルを身に付け，適切に活用できるようにするための学習活動を充実するとともに，これらの情報手段に加え視聴覚教材や教育機器などの教材・教具の適切な活用を図ること。

中学校　第1章　総則「指導計画の作成等に当たって配慮すべき事項」

> 各教科等の指導に当たっては，生徒が情報モラルを身に付け，コンピュータや情報通信ネットワークなどの情報手段を適切かつ主体的，積極的に活用できるようにするための学習活動を充実するとともに，これらの情報手段に加え視聴覚教材や教育機器などの教材・教具の適切な活用を図ること。

（3）さまざまな担当者

教科指導においては，それぞれの教科固有の目的・目標とは別に，「情報モラルを身につけ，適切に活用できるようにする」ことが求められている。つまり，すべての教育課程の中で児童生徒の情報モラルを身につけることを求めている。これからの高度情報化社会を生き抜く子どもたちにとって，情報モラルを身につけることは必須である。

さらに，国立教育政策研究所は，それぞれの学年に教えるべき課題を明確にしている。

小中学校の教育現場では，情報モラル教育の担当者は，生徒指導担当が担う場合，情報教育担当が担う場合，人権教育担当が担う場合などさまざまである。学校現場で，情報モラル教育はまだ新しい分野であるので，担当者すらはっきり定まっていないのが現状である。

（4）これからのために

これから我々の社会の情報化の波はとどまることはないだろう。これからを生きる子どもたちにとって，インターネットに触れずに生きていくことは不可能である。

見てきたように，インターネットには陰の部分ももちろんあるが，実際は有益で便利な面も多い。子どもたちには，「正しく怖がり，賢く使う」意識を持たせる必要があるだろう。保育，教育に関わるものにとって，この問題は今後ますます重要になってくることが予想される。

指導カリキュラム
小学校低学年から教えていくことが求められている。

指導を行う教科
すべての教科で行うことが求められている。

【参考・引用文献】

1）デジタルアーツ株式会社　第 8 回未成年と保護者のスマートフォンやネットの利活用における意識調査発表会（http://www.daj.jp/company/release/common/data/2015/070601_reference.pdf　2016 年 3 月 9 日閲覧）
2）文部科学省国立教育政策研究所（2011）．情報モラル教育実践ガイダンス　pp. 3-4（http://www.nier.go.jp/kaihatsu/jouhoumoral/guidance.pdf）
3）小野　淳・斎藤富由起（2008）．「サイバー型いじめ」（Cyber Bullying）の理解と対応に関する教育心理学的展望　千里金蘭大学紀要 生活科学部・人間社会学部，**5**，pp. 35-47
4）新谷洋介・長谷川元洋（2013）．ワンクリック詐欺疑似体験教材の開発　情報処理学会論文誌，**54**（8），pp. 2131-2135
5）総務省情報通信政策研究所　未就学児等の ICT 利活用に係る保護者の意識に関する調査報告書（http://www.daj.jp/company/release/common/data/2015/070601_reference.pdf　2016 年 3 月 9 日閲覧）
6）鈴木英男・安岡広志・圓岡偉男・神野　建・新島典子（2012）．本人追跡性を基礎とする携帯電話の情報モラル教育　東京情報大学研究論集，**16**（1），pp. 23-32
7）竹内和雄（2014）．家庭や学校で語り合う スマホ時代のリスクとスキル　北大路書房
8）竹内和雄（2014）．スマホ時代に対応する生徒指導・教育相談　ほんの森出版
9）竹内和雄・戸田有一・高橋知音（2015）．青少年のスマートフォン＆インターネット問題にいかに対処すべきか――社会と教育心理学との協働に向けて――　教育心理学年報，**54**，pp. 259-265
10）津田朗子・木村留美子・水野真希・喜多亜希子（2015）．「小中学生のインターネット使用に関する実態調査――親の把握状況と親子間の認識の違い――　金沢大学つるま保健学会誌，**39**（1），pp. 73-79

▷▷▷　お薦めの参考図書　◁◁◁

① 山崎勝之・戸田有一・渡辺弥生（2013）．世界の学校予防教育　金子書房
② 竹内和雄（2014）．スマホチルドレン対応マニュアル　中公新書ラクレ
③ 竹内和雄（2014）．スマホ時代に対応する生徒指導・教育相談　ほんの森出版
④ 竹内和雄（2014）．家庭や学級で語り合う スマホ時代のリスクとスキル　北大路書房
⑤ 紺野りり・せがわきり・高橋うらら・中島　望・はのまきみ・安田依央（2015）．ネット・ホラー スマホの中には悪魔がいる　集英社みらい文庫

第2部 実践編

【参考】情報モラル指導カリキュラムチェックリスト　国立教育政策研究所

領域	分野	校種	学年	コード	指導事項	チェック欄（※指導したら○を付ける）								
						小学校						中学校		
						1	2	3	4	5	6	1	2	3
心を磨く領域	情報社会の倫理	小	低	a1-1	約束や決まりを守る									
			中	a2-1	相手への影響を考えて行動する									
			高	a3-1	他人や社会への影響を考えて行動する									
		中	全	a4-1	情報社会における自分の責任や義務について考え，行動する									
		小	低	b1-1	人の作ったものを大切にする心を持つ									
			中	b2-1	自分の情報や他人の情報を大切にする									
			高	b3-1	情報にも，自他の権利があることを知り，尊重する									
		中	全	b4-1	個人の権利（人格権，肖像権など）を尊重する									
				b4-2	著作権などの知的財産権を尊重する									
	法の理解と遵守	小	低	c1-1	生活の中でのルールやマナーを知る									
			中	c2-1	情報の発信や情報をやりとりする場合のルールやマナーを知り，守る									
			高	c3-1	何がルール・マナーに反する行為かを知り，絶対に行わない									
				c3-2	「ルールや決まりを守る」ということの社会的意味を知り，尊重する									
				c3-3	契約行為の意味を知り，勝手な判断で行わない									
		中	全	c4-1	違法な行為とは何かを知り，違法だとわかった行動は絶対に行わない									
				c4-2	情報の保護や取り扱いに関する基本的なルールや法律の内容を知る									
				c4-3	契約の基本的な考え方を知り，それに伴う責任を理解する									
	公共的なネットワーク社会の構築	小	中	i2-1	協力し合ってネットワークを使う									
			高	i3-1	ネットワークは共用のものであるという意識を持って使う									
		中	全	i4-1	ネットワークの公共性を意識して行動する									
知恵を磨く領域	安全への配慮	小	低	d1-1	大人と一緒に使い，危険に近付かない									
				d1-2	不適切な情報に出合わない環境で利用する									
			中	d2-1	危険に出合ったときは，大人に意見を求め，適切に対応する									
				d2-2	不適切な情報に出合ったときは，大人に意見を求め，適切に対応する									
			高	d3-1	予測される危険の内容がわかり，避ける									
				d3-2	不適切な情報であるものを認識し，対応できる									
		中	全	d4-1	安全性の面から，情報社会の特性を理解する									
				d4-2	トラブルに遭遇したとき，主体的に解決を図る方法を知る									
		小	低	e1-2	知らない人に連絡先を教えない									
			中	e2-1	情報には誤ったものもあることに気付く									
				e2-2	個人の情報は，他人にもらさない									
			高	e3-1	情報の正確さを判断する方法を知る									
				e3-2	自他の個人情報を，第三者にもらさない									
		中	全	e4-1	情報の信頼性を吟味できる									
				e4-2	自他の情報の安全な取り扱いに関して，正しい知識を持って行動できる									
		小	低	f1-1	決められた利用の時間や約束を守る									
			中	f2-1	健康のために利用時間を決め守る									
			高	f3-1	健康を害するような行動を自制する									
				f3-2	人の安全を脅かす行為を行わない									
		中	全	f4-1	健康の面に配慮した，情報メディアとのかかわり方を意識し，行動できる									
				f4-2	自他の安全面に配慮した，情報メディアとのかかわり方を意識し，行動できる									
	情報セキュリティ	小	中	g2-1	認証の重要性を理解し，正しく利用できる									
			高	g3-1	不正使用や不正アクセスされないように利用できる									
		中	全	g4-1	情報セキュリティの基礎的な知識を身に付ける									
		小	高	h3-1	情報の破壊や流出を守る方法を知る									
		中	全	h4-1	基礎的なセキュリティ対策が立てられる									

※コードについては，「情報モラル指導モデルカリキュラム表」を参照のこと。

チェックリスト中の色分け
　■…指導可能な教科例の「A」がある項目及び教科等
　▨…指導可能な教科例の「B」がある項目及び教科等
　□…指導可能な教科例の「A」，「B」がない項目

第13章 子どもを取りまく現状と課題Ⅲ──スマートフォン時代の子どもたち

指導を行う教科等の例 （文部科学省国立教育政策研究所（2011）．pp.3-4）

教科等	主な指導内容・学習活動・単元（題材）名 等	指導を行う教科等の例		
		A	B	C
		道徳		国語 特活 総合
			国語 道徳 総合	特活
		社会 家庭	総合	国語 道徳
		保体 技・家（技術）	保体 技・家（技術）特活	社会 外国語 道徳
				国語 音楽 道徳 図工
			国語 総合	音楽 道徳 特活 図工
		国語	道徳 総合	音楽 図工 特活
		社会（公民）美術 技・家（技術）	技・家（技術）	理科 外国語 道徳 特活
		国語 音楽 美術 技・家（技術）	国語 技・家（技術）	社会 理科 外国語
				道徳
			国語 総合	道徳
			道徳	総合
		社会 家庭	道徳	国語
		技・家（技術）	保体 技・家（技術）特活	社会 外国語 道徳
		技・家（技術）	技・家（技術）特活	社会 理科 外国語 道徳
		社会（公民）技・家（家庭）		社会
			総合	国語
		社会		国語 理科
		技・家（技術）	数学 特活	社会 道徳 外国語
				道徳
				社会 総合
				理科 総合
			総合	
				国語 理科
		技・家（技術）		社会 外国語
		技・家（家庭）	社会（公民）	技・家（技術）外国語
				国語 算数
			社会 総合	国語 算数 理科
			数学 理科 保体	国語 社会 技・家（技術）外国語
		技・家（技術）	数学	外国語 技・家（家庭）
				国語 道徳 特活
			特活	体育 道徳
			道徳 特活	
			総合	体育
		保体	保体 技・家（技術）	外国語 道徳 特活
		技・家（技術）	保体	外国語 道徳
				図工
		技・家（技術）		外国語
			技・家（技術）	外国語

指導を行う教科等の例
A（ゴシック体　太字）　学習指導要領に指導内容として記載されている教科等
B（ゴシック体）　　　　学習指導要領解説に指導内容として例示されている教科等
C（明朝体　斜体）　　学習指導要領や同解説に指導内容として記載されていないが，関連する内容として指導することが可能な教科等

第14章 子どもを取りまく現状と課題Ⅳ
——ICTの普及による現場環境の変化

　学校教育現場へのICTの普及

ICT
　Information and Communication Technology の略。そしてパソコンやタブレット電子黒板、DVD動画などを用いて授業の効率化を促進する教育を総称したものをICT教育という。

　学校教育現場にICTが普及し、各教科の学習指導や教員研修など様々な場面に広く活用されるようになって久しい。ICTには、たとえばコンピュータやデジタルカメラ、電子黒板、デジタル教科書、テレビ会議システム、タブレット端末などの機器が含まれるが、それぞれの特性を活かし、授業で用いる教師の用途や必要性などに応じて積極的に活用されている。また近年では、教育現場へのタブレット端末の導入が進んでおり、国が2020年までにすべての小、中学校で一人一台のタブレット端末を導入した授業を実現することを目標としていることをご存知の方も多いだろう。

　このように学校教育現場に広く普及してきたICTは、たとえば授業の中で動画や音声データを容易に使うことができたり、タッチパネルにより図形や画像、写真などを拡大したり自由に動かしたりすることができるなど、従来の黒板とノートが中心の授業に比べて、授業方法や生徒の学習活動の幅を広げることができるというメリットがある。また、デジタルビデオカメラを活用して理科の実験中の写真や動画を撮影してその後の考察に活かしたり、社会科の時間にリアルタイムで流れてくる世界情勢のニュース検索をして世界各国のニュースを読み比べたりするなど、生徒が楽しみながら主体的に学習活動に取り組むこともできるため、学習意欲が高まりやすいというメリットも考えられる。

　しかしその一方で、ICTを購入、整備するためには高額な費用が必要となるため、すべての学校で一律のものを揃えるというのは現実的に難しい。そして、ICTを導入できる学校とできない学校との間では授業方法や学習活動が異なってしまうこともあるため、それが生徒の学習の理解度の差を生んでしまう可能性があることが懸念される。また、長時間ICTを利用することによるVDT症候群やインターネット依存など、生徒の健康面での悪影響も懸念される。

　以上のような背景を踏まえて本章では、ICTの普及による現場環境の変化について、ICTが学校教育現場に普及したことによって見られる良い変化と、

今後改善されていくべき課題の2つの観点から考えていきたい。

ICTの普及による学校教育現場への好影響
── 教育内容や学習活動の多様化

1 テレビ会議システムを用いた交流学習

　授業場面で**テレビ会議システム**を利用することによって，遠隔地の学校との交流学習や，海外の学校との国際交流学習を行うことが可能となった。たとえば，長崎県対馬市の小学校，鹿児島県奄美大島の小学校，沖縄県小浜島にある小学校の3校による食文化をテーマとした遠隔学習や[1]，石川県金沢市の小学校とシリアのパレスチナ難民キャンプ地区に住むパレスチナ難民の児童との交流学習などをはじめ，興味深い実践が数多く行われている[2]。

　このような交流学習では，社会科の流通や産業，離れた土地の暮らし，国語の方言，理科の天候や地形，家庭科の食文化など，自分の住んでいる地域や環境から視野，視点を広げて学習することが望ましい学習内容や単元において，自分の地域では学べないことやあまり目にすることができないこと，体験することが難しいことなどを相手の学校の友達から教えてもらったり，逆に自分たちの地域のことを教えてあげたりするというような学習活動を行うことができる。そして，伝え合う力を育てる，国際的な視野を広げる，異文化理解を深める，情報モラル意識を高めるなど，様々な学習効果も期待できる[1]。

2 電子黒板とデジタル教科書・デジタル教材

　近年，**電子黒板**や**デジタル教科書**の学校教育現場への普及が進んでおり，授業場面において積極的に活用されるようになってきている。この電子黒板の機能として，チョークを使わずに手書きで板書することができ，教科書や資料，子どもの作品やノート，写真などを映し出して，そこへ書き込むことができるという特徴がある。また，電子黒板の画面上に提示した物や書き込んだものを保存しておいて次回の授業で利用したり，これらをプリントにして配布することも可能である。もちろん，デジタル教科書をはじめとするデジタル教材を用いる際にも使うことができる[3]。

　この電子黒板は，生徒が発表や説明をする際に画面の前で操作をしながら

テレビ会議システム
　インターネットを介して，距離が離れた2か所以上の場所の画像と音声を伝え合い，リアルタイムで会議を行うことができる仕組みのこと。

電子黒板
　パソコンと連動してその画面を映し出すことができる電子化されたディスプレイやホワイトボードなどの総称。直接操作して画面上にペンで文字を書き込むことができ，それを保存，再生することもできる。

デジタル教科書
　デジタル機器や情報端末向けの教材のうち，既存の教科書の内容と，それを閲覧するためのソフトウェアに加え，編集，移動，追加，削除などの基本機能を備えるもの。(文部科学省(2014)『学びのイノベーション事業　実証研究報告書』より)

進めていくことができるため[4]，学習者同士の対話や相互作用を促進し，「思考力・判断力・表現力を高める」ことに繋がると考えられる[5]。また，電子黒板を使って書き込みながら説明をする発表は，使わない時よりも聞き手に理解されるものになったと報告されている研究もある[6]。さらに，先生と生徒との間でも同じ画面を見て対話を重ねながら授業を進めることが容易になるため，授業の中で先生と生徒の「対面コミュニケーション」を活性化させる上でもとても効果的である[7]。

写真14-1　電子黒板とタブレットを活用した算数の授業

3　アクティブ・ラーニングにおけるタブレット端末の活用

近年よく耳にするようになったアクティブ・ラーニングは，教員による一方向的な講義形式の教育とは異なり，学修者の能動的な学修への参加を取り入れた教授・学習法の総称である。学修者が能動的に学修することによって，認知的，倫理的，社会的能力，教養，知識，経験を含めた汎用的能力の育成を図ることを目的としている。そしてアクティブ・ラーニングには，**発見学習**，**問題解決学習**，**体験学習**，調査学習等が含まれるが，教室内でのグループ・ディスカッション，ディベート，グループ・ワーク等も有効な方法に挙げられる[8]。また「初等中等教育における教育課程の基準等の在り方について（諮問）」によると，「課題の発見と解決に向けて主体的・協働的に学ぶ学習」がアクティブ・ラーニングとされている。このような記述を踏まえると，アクティブ・ラーニングでは，生徒がどのように学習するのかという「学び方」が重要視されていることが窺われる[9]。

そして，このアクティブ・ラーニングをとり入れた授業を実践していく上で，有効に活用できると考えられるICTの一つにタブレット端末が挙げられる。タブレット端末では，生徒が自ら画面を操作し，手軽に動画や静止画を撮影したり，気付いたことを書き込んでおいたり，さらにはそれをネット

発見学習
　子どもの知的好奇心や探索意欲を大切にし，発見の感覚とその結果としての自己自信により，自分で問題に向かう態度を発達させ，能力を身につけることをねらいとする学習法。
（学校用語辞典（1985）より）

問題解決学習
　アメリカの経験主義教育の流れをくみ，生徒が自ら直面する問題を，反省的思考を基本とする問題解決の道筋に沿って，自主的・創造的に解決していくという学習形態。（同上参照）

体験学習
　実際に手や身体を動かして何かを体得することが，直感や洞察力，認識の世界においてかなり重要な位置を占めているという考え方で，自然体験や日常生活との関連を重視し，観察・実験で自然に対する知的好奇心や探求心を高める学習。
（教育工学辞典（2000）より）

ワーク上で共有することもできる[10]。具体的な実践事例としては，たとえば体育の跳び箱やマット運動などの学習において，自分の技能の動画と得意な友達の動画を撮影しておき，友達の良いところを探して自身の技能の向上に努めたり，友達から上手く動作するコツや直した方がいいところを，動画を見ながら教えてもらったりすることで学びを深めていくという学習活動が挙げられる[11]。他にも，理科の実験の様子を撮影しておき，動画を再生しながらその中で気になったことや考えたこと，理解したことなどを端末内にまとめさせておき，何人かの生徒の考えや意見を電子黒板で表示して，クラス全体でその内容について議論をしたり内容の理解を深めたりするというような学習活動も可能である。

現在，タブレット端末を活用した教育実践の事例は数多く蓄積されてきており[12]，今後このような実践の質がさらに向上していくことが期待される。

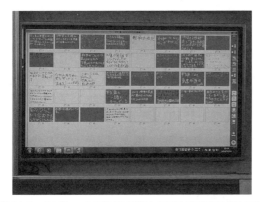

写真14-2　タブレットに生徒が書いた意見を電子黒板上で共有

4　ICTの利用に関わるリスクやトラブルから身を守る力の育成

近年，子どもたちの間でスマートフォンを含めた携帯電話をはじめとする様々な情報通信端末機器が急速に普及してきているが，このような中でネットいじめや **SNS** での炎上問題，著作権・肖像権の侵害などをはじめ，様々なインターネット利用に伴うリスクやトラブルが社会問題化してきている[13]。そしてこのような背景を踏まえ，学校教育現場では**情報モラル教育**や**ネット安全教育**などの教育実践が広く行われるようになってきている。

しかしこのような教育実践では，生徒に視聴覚教材を見せた上で，そこに登場した人物の問題行動について話し合わせ，「～なことはしないようにしよう」，「…には気をつけよう」というような注意喚起や利用制限を促す形で授業が終えられるものが多く見られる。そして，このような授業が教室の中で収束してしまっており，学習したことが生徒の日常生活でのインターネッ

SNS

情報モラル教育
　情報を送受信する際に守るべき道徳である情報モラルを身につけさせることを目的とした教育の呼称。（教育工学辞典（2000）より）

ネット安全教育
　高度情報通信社会におけるネット危機およびネット犯罪の加害者にも被害者にもならないために必要な危機管理能力や自主的判断力を育てることをねらいとした教育の呼称。（田中博之編著（2009）『ケータイ社会と子どもの未来』より）

ト利用に繋がっている，活かされているとは言い難いことが，このような実践を行う上での教育方法上の課題の一つとして考えられる[14]。

そこで，このような課題を改善する方法の一つとして，著作権や肖像権に関することや，メールやSNSで人とコミュニケーションをするときに気をつけること，不適切なICTの利用によって生じる可能性のあるリスクなど，ICTやインターネット利用に関わる問題やトラブルについて考えさせる学習指導を，ICTを活用した学習活動と関連させながら行うことが効果的と考えられる。その理由は，生徒が学んだICTを利用する上で注意することや気をつけるべきことなどを，すぐに学習活動の場で実際に実践して活かすことができるためである。

ICTや情報通信機器の不適切な利用に伴うリスクやトラブルは，子どもたちの心身の健康や財産などに悪影響を及ぼす可能性があるため，このような内容に関する学習指導も定期的・継続的に行う必要があるだろう。

◀3▶ ICTの普及に伴う今後改善されるべき課題

1　地域や予算等により生じる教育格差

ICTの整備状況

たとえば，文部科学省の「平成25年度学校における教育の情報化の実態等に関する調査結果（概要）」（平成26年3月現在）によると，普通教室の校内LAN整備率は，もっとも高い都道府県が岐阜県の97.4%に対して，青森県が58.2%ともっとも低く，約40%近くの差が見られている。

電子黒板の整備

同上の調査によると，もっとも高いのは佐賀の96.8%でもっとも低いのは宮崎県の50.5%であった。また全国的な平均は，76.4%であった。

ICTを全国の学校教育現場に一律に揃えるというのは現実的に不可能であり，現在のところICTの学校教育現場への導入については，各都道府県や市町村の教育委員会，また各学校の予算や校長の裁量などに委ねられる形となっている。そのため，地域間や学校間でICTの**整備状況**や授業での活用状況などに差が生じてしまい，それが教育格差や学力格差の拡大を生むことに繋がる可能性があることが懸念される。

たとえば，で取り上げた**電子黒板の整備**状況について，全校の全学級に配置できれば全く問題はないのであるが，現実的には一校に一台しか整備されていない学校も多くあり，その場合，電子黒板を使った授業を受けることができる生徒と受けることができない生徒ができてしまうこととなる。また，一台を校内で使い回して利用する場合，階をまたぐ移動や，移動する度に電子黒板のセッティング（LANの接続，キャリブレーションなど）に時間がかかり，授業間の5分や10分の休み時間の間で準備を完了するのは難しい。したがってこのような学校では，1時間目や5時間目など，授業開始までに余裕のある時間に電子黒板の利用の希望が集中するという問題も生じている。また一方で電子黒板は一台の単価が高価なため，経済的な

事情により設置することができず，パソコンとプロジェクタに頼らざるを得ない学校が存在していることも事実である[3]。

またこのようなICTを使った授業を行うにあたっては，教師の間で操作スキルの得意不得意に差が見られることもあり，「得意な先生だけが授業で使っていて，苦手な先生は使っていない」，「授業云々の前にスキル不足，研修不足で，ICTを活用した良い授業がイメージできない」，「操作に慣れるまでは試行錯誤的な授業が続きそう」，「どれだけ良いICTが学校に整備されたとしても，指導する側の授業設計力や授業実践力がなければ宝の持ち腐れになってしまう」といった声を耳にすることがある。このような教師のスキルの要因も，教育格差を生む要因となってしまう可能性がある。したがって，このような状況を改善するために，どのように教師のICTを活用した授業力を高めていくかということが今後の課題になってくるだろう。

写真14-3　電子黒板のかわりにパソコンとプロジェクタを代用している学校も多い

2　生徒の心身への悪影響

ICTは，生徒の学習活動において様々な教育的な効果や利便性をもたらすことがこれまでの数多くの実践からも明らかとなっているが，これらを生徒に過度に利用させすぎることには気をつけたい。その理由は，パソコンやタブレットなどの液晶画面を長時間注視することによる「**VDT症候群**」に陥る可能性があるからである。現代の青少年は，スマートフォンや携帯ゲーム機，パソコン，テレビなど，様々な液晶画面に囲まれた日常生活を送っており，これらの利用時間が平日1日に3時間を超えるなど長時間に及んでいる生徒がいることも各種調査によって明らかとなっている。

このような日常生活を送っている生徒にICTを授業で利用させる場合，過度な利用はVDT症候群を助長させかねない。このVDT症候群は，ドラ

VDT症候群
Visual Display Terminal Syndromeの略。目や視力への悪影響だけでなく，心身にも悪影響を及ぼす可能性のある病気。

イアイや視力低下など目の視覚機能に悪影響を与えるだけでなく，肩こりや腰痛，腕の痛みなどの症状をもたらすこともある。

また近年では，中学生や高校生を中心とする**インターネット依存**が大きな社会問題の一つとなっている。2013年に発表された日本大学・大井田隆教授の調査の一次資料の一つであるプレゼンテーション資料によって，インターネット依存の中学生，高校生が約51万8千人に上ることが推計されたことをご存知の人も多いだろう[15)][16)]。さらに，インターネットに依存することによる心身への悪影響や金銭トラブルなどの様々な問題事例も数多く報告されている[17)]。先述のVDT症候群による身体への悪影響に加えて，たとえば，深夜にまで及ぶSNSの利用による寝落ちや睡眠不足，ゲームサイトなどへの過度な課金，自転車や歩行中のながらスマホによる交通事故，インターネットの利用に関わる親子喧嘩や家庭内暴力など多岐に渡る。

このように，ICTやインターネットの不適切な利用は様々な悪影響やリスクをもたらす可能性があることを踏まえると，ICTを授業で活用する際には，各教科の学習指導に役立てるだけでなく，過度な利用や不適切な利用により生徒の心身の健康や発達に悪影響が及ばないよう，望ましいICT利用の習慣を身につけさせるための注意喚起や学習活動も定期的に行う必要があるだろう。

3 故障や不具合，事故への懸念

普段パソコンを利用しているときでも，パソコンが突然フリーズしてしまったり，変な動作をしてしまったりすることがあるように，ICTを授業で活用しているときでも似たようなトラブルが生じてしまうことがある。たとえば，ネットワークの通信トラブルにより電子黒板のペンが反応しなくなったり，パソコンがフリーズしてしまったりすると，再起動のために無駄な時間を要することとなる。そして，そのせいで授業の流れが止まってしまい，生徒の集中力が切れてしまうことがある。さらに，このようなトラブルが生じてしまい，想定していた授業ができなくなる可能性があるのであれば，わざわざ使わなくてもいいのではないか，という理由から電子黒板を使用しなくなる教師もいる。

また一方で，電子黒板はサイズも大きいため，狭い教室の中で生徒が万一ぶつかってしまったときに事故を起こしてしまわないか，キャスターに足をとられてつまずいて怪我をしてしまわないかなどの心配事項も考えられる。さらに，生徒の机の上で教科書，筆記用具，ノート，それに加えてタブレッ

インターネット依存
インターネットにばかり気が向いてしまったり，インターネットに自分の気持ちが左右されるなど精神的に依存してしまい，それによって利用時間を自分でコントロールできないほど没頭してしまい，それが極端に長い長時間の利用に繋がり，心身の健康状態や日常生活に悪影響を及ぼす状態[18)]。

トを使用するとなると，机の上が窮屈になり，とくにタブレットは高価であることもあり，落としてしまわないかどうか教師も生徒も気になってしまい，お互いが授業に専念しづらくなることもある。落下等による破損トラブルが生じたときの修理費用の出所は現在のところは明確に定まっておらず，場合によっては生徒に修理費の一部を負担をさせなければならなくなるかもしれないからである。実際，このようなICTの維持や管理に不安や負担を感じている教師も多い。また，かりに破損トラブルが生じなかったとしても，セキュリティの管理や数年ごとのメンテナンスの費用を誰がどのように負担していくのかといった課題も残されている。

したがって，今後教育現場でICTを活用した教育をより円滑に行うことができるようにしていくためにも，このような問題や課題について，教室の学習環境や教育行政，学校経営など様々な観点から改善方法を検討する必要があるだろう。

4　おわりに

本章では，ICTの普及による現場環境の変化について，ICTが学校教育現場に普及したことによって見られる現場環境への良い変化と，今後改善されていくべき課題の2つの観点から考えてきた。本章で取り上げたものがすべてではないが，私が伝えたいことを読者の皆様が少しでもイメージしやすくなるように，できる限り具体的なICTやそれに関わる事例，場面などを取り上げるように心がけたつもりである。

これからの高度情報通信社会の中核を担う生徒を育てていくことを考えたとき，彼らには学校教育を通して，日常生活や学習，仕事の利便性などを高めるための有効なICT利用ができる力や，このような社会を適応的に生きてくことができる力，ICTの利用に伴い生じ得るリスクやトラブルを未然に防いだり，それらを最小限に抑える力を育てていく必要があると私は考えている。そのためにも，学校教育現場においてはICTを活用した教育や情報教育を積極的に行っていただき，教育実践や研究の事例を蓄積することによってこのような教育の質を高めていき，未来ある生徒に効果のある教育実践が広く行われることを期待したい。

【引用・参考文献】
1）稲垣　忠・寺嶋浩介（2008）．第11章　インターネットを活用した交流学習　水越敏行・久保

田賢一（編著）　ICT 教育のデザイン　pp. 217-234　日本文教出版
2）久保田真弓・岸磨貴子（2008）．第 12 章　海外との交流学習の展開　水越敏行・久保田賢一（編著）　ICT 教育のデザイン　pp. 235-256　日本文教出版
3）鶴田利郎（2012）．第Ⅷ章 学習指導　5　情報教育と教材・教具　安彦忠彦・児島邦宏・藤井千春・田中博之（編著）　よくわかる教育学原論　pp. 122-123　ミネルヴァ書房
4）清水康敬（2006）．電子黒板で授業が変わる　高陵社書店
5）中橋　雄・寺嶋浩介・中川一史・太田　泉（2010）．電子黒板で発表する学習者の思考と対話を促す指導方略　日本教育工学会論文誌，**33**（4），pp. 373-382
6）稲垣　忠・嶺岸正勝・佐藤靖泰（2008）．算数科授業での児童の説明場面における電子黒板の影響　日本教育工学会論文誌，**32**（suppl.），pp. 109-112
7）村伊地哉・石戸奈々子（2010）．デジタル教科書革命　pp. 152-156　ソフトバンククリエイティブ
8）中央教育審議会（2012）．新たな未来を築くための大学教育の質的転換に向けて～生涯学び続け，主体的に考える力を育成する大学へ～（答申）（http://www.mext.go.jp/component/b_menu/shingi/toushin/__icsFiles/afieldfile/2012/10/04/1325048_3.pdf）
9）村井万寿夫（2015）．確かな学力を高める「学習・指導方法」　学校とICT　8月号，pp. 2-6
10）中川一史（2013）．《基調講演》タブレット端末活用の現状とこれから（http://www.sky-school-ict.net/seminar/tablet/2013/01.html）
11）文部科学省（2014）．学びのイノベーション事業　実証研究報告書（http://jouhouka.mext.go.jp/school/pdf/manabi_no_innovation_report.pdf）
12）D-project 編集委員会（2014）．つなぐ・かかわる授業づくり：タブレット端末を活かす実践52事例　Gakken
13）佐藤佳弘（2014）．脱！スマホのトラブル　武蔵野大学出版会
14）鶴田利郎（2012）．R-PDCA サイクルの活動を用いたネット依存に関する授業実践――依存防止プログラムの成果を援用した 8 時間の授業実践の試み――　日本教育工学会論文誌，**35**（4），pp. 411-422
15）大井田　隆（2013）．未成年者の喫煙・飲酒状況に関する実態調査研究　厚生労働科学研究費補助金　循環器疾患・糖尿病等生活習慣病対策総合研究事業　平成 24 年度総括研究報告書（http://mhlw-grants.niph.go.jp/niph/search/NIDD00.do?resrchNum=201222027A，http://www.med.nihon-u.ac.jp/department/public_health/2012_CK_KI2.pdf）
16）鶴田利郎・野嶋栄一郎（2015）．1 年間を通したインターネット依存改善のための教育実践による生徒の依存傾向の経時的変容　日本教育工学会論文誌，**39**（1），pp. 53-65
17）遠藤美季・墨岡　孝（2014）．ネット依存から子どもを救え　光文社
18）鶴田利郎・山本裕子・野嶋栄一郎（2014）．高校生向けインターネット依存傾向測定尺度の開発　日本教育工学会論文誌，**37**（4），pp. 491-504

▶▶▶ お薦めの参考図書 ◀◀◀

① 竹内和雄（2014）．家庭や学級で語り合うスマホ時代のリスクとスキル――スマホの先の不幸をブロックするために――　北大路書房

② 梶田叡一（2015）．アクティブ・ラーニングとは何か　金子書房

③ 赤堀侃司（2015）．タブレット教材の作り方とクラス内反転学習　ジャムハウス

④ 赤堀侃司（2011）．電子黒板・デジタル教材活用事例集　教育開発研究所

⑤ 田中博之（編著）（2009）．ケータイ社会と子どもの未来――ネット安全教育の理論と実践――　メディアイランド

おわりに

高橋　登（大阪教育大学）

　本書を手にしているあなたは，おそらく大学や短大などで教職科目としての心理学を学んでいる学生だろうと思います。ここまで読み進めてきて，あなたは何を学んだでしょうか。本書の最後にもう一度，教育心理学を学ぶ意義を考えてみたいと思います。

　子ども達を取り巻く環境はめまぐるしく変化しています。それに応じて，子ども達に何を教え，身につけさせるべきか，その中身も大きく変わりつつあります。

　ひとつは子どもの多様化です。非常に厳しい経済状況に置かれている子どもや家庭での虐待が疑われる子ども，さまざまな障がいのある子ども達，外国にルーツのある子ども達など，学校では多様な子ども達が学ぶようになっています。教師や保育者になる人には，そうした子どもの多様性を正しく理解した上で，子どもに関わることが求められています。また，自分とは感じ方も考え方も異なる他者に出会う子ども達が，そうした相手を一方的に攻撃したり排除するのではなく，互いに助け合うことを通じて成長するのを促すことも教師の重要な役割です。

　もうひとつの大きな変化は，情報化の急激な進行です。瞬時に莫大な情報に接することができる現代社会では，いろいろなことを知っているというのは，それだけではあまり意味がなくなりつつあります。それをいかに深く理解するのか，あるいはそれをもとに，自分の力で何を考えるのかが問われています。子ども達自身が自らの力で問題を発見し，取り組み，解決する。そうした力を育てることも今の教師にとっては，とりわけ重要な課題です。

　その一方で，変わらないことも沢山あります。子どもの発達の基本的な法則は，時代によって簡単に変わるものではありません。それぞれの発達段階では，固有の子ども達のものの見方や考え方があります。また，学ぶことの仕組み，動機づけのメカニズムなど，子ども達に関わる教師や保育者が知っておかなければならないことは沢山あります。この本では，子どもを教える，子どもに関わる上で，知っておくべき基本的な心理学の知識を身につけることも大切にしています。

　この本で学んだみなさんは，今度は実際に子ども達に接することになるでしょう。そのときみなさんが，本書で学んだことをもとに，みずから深く考え，さらに学び続けるようになっていくことを期待しています。

重　要　語　句　集

あ

ICT	126
——の整備状況	130
アイゼンク	56
愛着行動	4
アイデンティティ	22
アクティブ・ラーニング	43, 86
足場かけ（scalfolding）	72
アタッチメント	4
安全基地	4
アンダーマイニング効果	36
アンビバレント	5
いじめ防止基本方針	108
育児ストレス	99
育児不安	99
インクルージョン（Inclusion）	75
インターネット依存（ネット依存）	116, 132
SNS	129
LGBT	23
横断的評価	85
OECD国際教員指導環境調査（TALIS）	91
オペラント条件づけ	30
親の養育態度	98
オルポート	52

か

外言	7
外的適応	60
外発的動機づけ	36
学習指導要領	106
学習障害（LD）	106
学習性無力感	37
学習全体の見通し	50
拡張的学習	33
過剰適応	61
仮説実験授業	39
可塑性	27
学級集団	14
学級雰囲気	15
活動理論	32
課程認定制度	91
環境閾値説	2
観察学習（モデリング）	17
記憶	33
気質	54
規準	85
基準	85
規範	18
キャッテル	56
キャリア教育	26
教育相談	111
教育評価	78
強化	30
協調学習	43
協同学習	43, 44
協働学習	43
共同注視	7
クライエント	66
クレッチマー	54
系列位置効果	34
ケーガンの協同学習	46
ケース会議	112
原始反射	3
高額課金	116
効果の法則	30
肯定的相互依存	45
公民館	103
コールバーグ	17
国際障害分類（ICIDH）	69
国際生活機能分類（ICF）	70
心の病	110
子育てサロン	103
子育て支援	100
古典的条件づけ（レスポンデント条件づけ）	30

さ

最頻値	81
三項関係	7
GPS機能	118
シェルドン	54
自我	52
——のめざめ	20
ジグソー学習	40
ジグソー法	49
試行錯誤	30
実行機能（Executive Function）	74
シティズンシップ	26
実践共同体	31
視点取得能力	21
指導カリキュラム	123
児童期	11
児童中心主義	38
指導を行う教科	123
四分位偏差	82
ジャーゴン	6
社会的構成主義	32, 44
社会的参照	8
社会的微笑	8
尺度	78
縦断的評価	85
シュプランガー	55
条件刺激（CS）	29
条件反応（CR）	29
情報モラル教育	121, 129
初語	6
ジョンソンたちの協同学習	45
新課程	91
人工物	32
心理アセスメント	62

重要語句集

スクールカースト	25
ストレス	16
ストレンジ・シチュエーション法	5
スマホ育児	119
正規分布	82
精神疾患	109
精緻化	34
青年期	20, 58
正の転移	35
絶対評価	85
先行オーガナイザー	39
潜在的な学習	31
相関係数	82
相対評価	84

た

体験学習	128
体制化	34
注意欠陥多動性障害（AD/HD）	106
中央教育審議会	92
中央値	81
中枢神経系	72
DSM	71
t 検定	82
適応	60
適応機制	61
適性処遇交互作用	41
デジタル教科書	127
テレビ会議システム	127
電子黒板	127
――の整備	130
投影	63
同化と調節	13
洞察による学習	31
道徳性	17
とがり	82

な

内言	7
内的適応	60
内発的動機づけ	36
仲間関係	9
喃語	6
二次障害	74
二次性徴	20
認知	30
認知カウンセリング	40
認知地図	31
認定こども園	90
ネット安全教育	129
ネットいじめ	25
ネット依存→インターネット依存	
ネットゲーム	121

は

ハーロウ	5
バズ学習	16, 40
発見学習	128
発達課題	11
発達段階	15
パフォーマンス評価	87
範囲	81
般化	30
ピアジェ	13
ピグマリオン効果	85
ひとみしり	4
標準化得点	83
標準偏差	81
VDT 症候群	131
不易と流行	106
フェスティンガー	16
輻輳説	2
不適応	61
不登校	106
負の転移	35
ブルーム	87
フロイト	11
分散	81
分散効果	35
分散分析	82
分離不安	4
平均値	81
平均偏差	81
偏差値	83
変数値	80
変数変換	80
弁別	30
防衛機制	61
ボウルビィ	4
ポートフォリオ	88
ポルトマン	56

ま

無条件刺激（UCS）	29
無条件反応（UCR）	29
メタ認知	86
モンスターペアレンツ	109
問題解決学習	36, 128

や

ゆがみ	82
ユニバーサルデザイン	75
指さし	7
ユング	55
幼児期	11
欲求（要求）	58
欲求不満耐性	16

ら

LINE	119
臨床心理士	112
ルーブリック	88

執筆者一覧

【編著者】

石 上 　浩 美　（京都市立芸術大学大学院）

矢 野 　　正　（奈良学園大学）

【執筆者】（執筆順）

三 木 　美 香　（畿央大学）	第1章
矢 野 　　正　（編著者）	第2章, 第6章
池 田 　幸 恭　（和洋女子大学）	第3章
芳 田 　茂 樹　（大手前大学）	第4章
石 上 　浩 美　（編著者）	第4章, 第9章, 第10章
水 野 　正 朗　（東海学園大学）	第5章
高 岡 　昌 子　（奈良学園大学）	第7章
山 口 　真 希　（花園大学）	第8章
室 谷 　雅 美　（豊岡短期大学）	第11章
宮 前 　桂 子　（元吹田市立千里第一小学校）	第12章
竹 内 　和 雄　（兵庫県立大学）	第13章
阿 部 　海 渡　（ティーンズ・オンライン・ジャパン）	第13章
鶴 田 　利 郎　（国際医療福祉大学）	第14章
高 橋 　　登　（大阪教育大学）	おわりに

編者紹介

石上 浩美（いしがみ ひろみ）

大阪府生まれ。大阪教育大学大学院教育学研究科修了（教育学），奈良女子大学大学院人間文化研究科博士後期課程単位修得退学。大手前大学総合文化学部准教授を経て，現在は京都市立芸術大学大学院音楽研究科博士後期課程在籍，京都精華大学・流通科学大学非常勤講師。専門は教育心理学，音楽心理学，教師教育学。協同学習および活動理論の立場から，集団体験活動を対象とした調査・研究を行っている。また，教職キャリア形成支援のための養成・採用・研修モデルの構築に関する調査・研究や，「音育」活動を媒介としたメタ認知の発達支援研究，合唱における響きと聴こえに関する研究にも，積極的・意欲的に取り組んでいる。

〈主著〉『新・保育と表現』（編著，嵯峨野書院），『教育原理―保育・教育の現場をよりよくするために』（編著，嵯峨野書院），『教育心理学―保育・学校現場をよりよくするために』（共編著，嵯峨野書院），『キャリア・プランニング―大学生の基礎的な学びのために』（共編，ナカニシヤ出版），『保育と言葉』（共編著，嵯峨野書院），『保育実践にいかす障がい児の理解と支援 改訂版』（共著，嵯峨野書院），「稲作体験活動への参加による学び」（共著，『こども環境学研究』18号，萌文社），「教員の職務認識と教職キャリア形成に関する研究」（単著，『京都精華大学紀要』45号），「子どものメタ認知発達を促す保育士の働きかけ―「音づくりの時間」事例調査から」（単著，『京都精華大学紀要』第52号）

矢野　正（やの ただし）

愛知県生まれ。大阪総合保育大学大学院児童保育学研究科博士後期課程修了。博士（教育学）。現在は，奈良学園大学人間教育学部教授，大阪教育大学非常勤講師。専門は臨床教育学・教育実践学・幼児教育学。学校心理士，特別支援教育士，レクリエーション・インストラクター。「学級づくりと生徒指導」，「特別支援教育の実践的研究」，「小学校体育科のカリキュラム開発」等の研究を行っている。長岡京市児童対策審議会委員，三郷町子ども・子育て会議委員（会長）。

〈主著〉『生徒指導・進路指導論』（単著，ふくろう出版），『新・保育と環境』（共編著，嵯峨野書院），『保育と人間関係』（共編著，嵯峨野書院），『水辺の野外教育』（共著，杏林書院），『社会福祉の相談援助』（共著，久美出版），『障害児保育』（共著，一藝社），『現代地域福祉論』（共著，保育出版社），『医療福祉学総論』（共著，金芳堂），『教師力を高める学級経営』（共著，久美出版）ほか。

教育心理学――保育・学校現場をよりよくするために――　　《検印省略》

2016年4月30日　第1版第1刷発行
2019年9月10日　第1版第2刷発行

編著者　石上 浩美
　　　　矢野　正
発行者　前田　茂

発行所　嵯峨野書院

〒615-8045　京都市西京区牛ヶ瀬南ノ口町39　電話(075)391-7686　振替 01020-8-40694

©Hiromi Ishigami, Tadashi Yano, 2016　　創栄図書印刷・吉田三誠堂製本所

ISBN978-4-7823-0559-1

JCOPY〈出版者著作権管理機構 委託出版物〉
本書の無断複製は著作権法上での例外を除き禁じられています。複製される場合は，そのつど事前に，出版者著作権管理機構（電話03-5244-5088，FAX 03-5244-5089, e-mail:info@jcopy.or.jp）の許諾を得てください。

◎本書のコピー，スキャン，デジタル化等の無断複製は著作権法上での例外を除き禁じられています。本書を代行業者等の第三者に依頼してスキャンやデジタル化することは，たとえ個人や家庭内の利用でも著作権法違反です。

新・保育と健康
三村寛一・安部惠子 編著

子どもたちの発育・発達の理解を深め，健康な心と体を育むための幼児教育を考える。幼稚園等での実践例も数多く盛り込んだ1冊。

B5・並製・142頁・定価（本体2200円+税）

保育と人間関係
矢野　正・柏　まり 編著

人とのかかわりが希薄化する現代，子どもの育ちをとりまく問題を取り上げ，子どもを伸びやかに育てるための人間関係を考える。実践事例も数多く掲載。

B5・並製・142頁・定価（本体2150円+税）

新・保育と環境
小川圭子・矢野　正 編著

子どもの生きる力を育むために必要な環境とは？　さまざまな人や物とのかかわりを通した保育環境を，豊富な実践事例とともに平易に解説。保育に携わるすべての人への入門書。

B5・並製・176頁・定価（本体2400円+税）

保育と言葉［第2版］
石上浩美・矢野　正 編著

子どもの社会性やコミュニケーション能力の基盤は，言葉である。言葉の発達過程をわかりやすく解説し，保育・教育現場での活動や言葉の支援など実践事例も多数紹介。

B5・並製・122頁・定価（本体2100円+税）

新・保育と表現
――理論と実践をつなぐために――
石上浩美 編著

子どもは何を感じ取り，どのように伝えるのか。子どもの発達特性を解説しながら，豊かな感性と想像力を育む表現を，生活の中にある音・風景・自然，子どもの遊びから考える。

B5・並製・168頁・定価（本体2400円+税）

保育実践にいかす障がい児の理解と支援［改訂版］
小川圭子・矢野　正 編著

子どもの育ちに添った長い見通しのなかで，障がいのある子どもをどのように支えるか。障がいの理解を深めながら，援助の方法，環境構成を考える。

B5・並製・160頁・定価（本体2150円+税）

―― 嵯峨野書院 ――